U0564546

本书得到以下项目资助或支持：

●国家社会科学基金中华学术外译项目"《名词和动词》（英文版）"
　（20WYYB010，本书作者主持）
●浙江省社会科学界联合会研究课题"基于双向平行语料库的析取关系
　表达法的英汉对比研究"（2014B130，本书作者主持）
●浙江师范大学"外国语言文学"省一流学科出版资助项目

外国语言学及应用语言学研究丛书

Linguistic Realization of Disjunctive Relations in English and Chinese:
A Corpus-Based Contrastive Study

析取关系的语言表达
—— 一项基于双向平行语料库的英汉对比研究

郑连忠　著

ZHEJIANG UNIVERSITY PRESS
浙江大学出版社

图书在版编目(CIP)数据

　　析取关系的语言表达：一项基于双向平行语料库的英汉对比研究 / 郑连忠著. —杭州：浙江大学出版社，2021.12
　　(外国语言学及应用语言学研究丛书)
　　ISBN 978-7-308-19903-2

　　Ⅰ.①析… Ⅱ.①郑… Ⅲ.①英语－对比研究－汉语
Ⅳ.①H31②H1

　　中国版本图书馆 CIP 数据核字(2020)第 003268 号

析取关系的语言表达

——一项基于双向平行语料库的英汉对比研究

郑连忠　著

策　　划	董　唯　张　琛	
责任编辑	董　唯	
责任校对	祁　潇	
封面设计	项梦怡	
出版发行	浙江大学出版社	
	（杭州市天目山路 148 号　邮政编码 310007)	
	（网址：http://www.zjupress.com)	
排　　版	浙江时代出版服务有限公司	
印　　刷	杭州高腾印务有限公司	
开　　本	710mm×1000mm　1/16	
印　　张	13.5	
字　　数	262 千	
版 印 次	2021 年 12 月第 1 版　2021 年 12 月第 1 次印刷	
书　　号	ISBN 978-7-308-19903-2	
定　　价	49.00 元	

版权所有　翻印必究　印装差错　负责调换

浙江大学出版社市场运营中心联系方式　（0571)88925591；http://zjdxcbs.tmall.com

序

吴本虎

郑连忠博士读本科和硕士时，曾是我的学生，后来他留校任教后又成了我的同事。他更是我的学友、知己，从结识到深交，已有 20 多年。师生和学友的情谊早已跨越了 28 岁的年龄差距，超越了时间和世俗眼光的考验。当连忠博士把书稿发来向我求序时，我颇感荣幸，又有些为难，觉得他向自己的博导许余龙教授索序似乎更为合适。他说自己博士毕业后进步不大，不敢开口。他还说，他厚着脸皮向我求序，是想借此再次聆听师长的教诲，也算是对 20 多年来师生情谊的一种念想。话说到这份上，我只能欣然答应了。

众所周知，阅读一本专著，对作者多一份了解，不仅能增进学友情，也有助于更准确地把握专著内容。在分享我对本书的看法之前，我先介绍一下我所了解的连忠博士，相信对本书读者会有一定的帮助。

连忠是一位自我要求很高的年轻人。他常说自己的科研进步不大，其实是他对自己的要求太高了。他 2018 年才从英语系转入翻译系，2021 年年初就为所在系拿到了第一项国家社会科学基金中华学术外译项目，没有相当高的水平，是很难从全国众多博士、教授申请者的竞争中脱颖而出的。他英译的是我国著名语言学家沈家煊先生的《名词和动词》一书，中方出版单位和外方出版单位分别是商务印书馆和劳特里奇（Routledge）出版社。试想，若是连忠本人没有相应的实力，原著作者和出版单位应该是不大愿意与其合作的。他起初联系作者和出版社英译该书时，并未想过能否申报中华学术外译项目。他英译的原著是语言学专著，正是他自己的专业兴趣所在。据我所知，他是不大愿意仅仅为报项目而选择并非自身兴趣的其他学科著作来英译的，从中我们可以看到他的那份学术虔诚和执着。

连忠也是一位有情怀、有奉献精神的好老师。他至今已给本科生和研究生上过 40 多门不同名称的正式课程，其门数之多，涉猎之广，绝非普通高校老师所能想象。少数课程是他自己喜欢上的，大多数课程是为了缓解学院排课困难而承担的。他上一门，钻研一门，投入了大量精力，在教学中真正践行了教学相长。我还了解到,近六七年来,他在应邀为中小学英语教师做培训讲座的同时,还为讲座学员组建了面向浙江省乃至全国的中小学英语教师的四个英语创新教育实名微信群,其中初中英语创新教育微信群的成员早已多达500人。他不仅为中小学英语教师搭建交流平台,还坚持无偿为他们答疑解难,默默地为中小学英语教师的专业发展贡献自己的力量。如果没有情怀,没有奉献精神,这种坚持是很难做到的。

连忠还是一位有坚定学术追求的青年学者。我至今仍然清晰地记得1997年的一个上午,还是大一新生的连忠在课后找我畅谈他为学院学生会创建科研社的构想并让我谈点想法。我们竟然不知不觉地谈到下午上课前几分钟。那是我和连忠的第一次深谈。我和连忠的学友情谊随着我们一次次深谈越来越厚重,不知不觉中我们成了无话不谈的学友、知己。他在撰写硕士论文时的丝丝清新想法让我深深感受到后浪可期。他在同台切磋课程发展时体现的深厚学术积淀让我屡屡得益于后生新锐。他与我联手完成国家社会科学基金项目的共同探索让我每每领略到携手攀登后的欣喜。连忠在读博士时,博导许余龙教授曾基于自己的研究兴趣给连忠选题建议,连忠认真思考后却希望能自主独立选题。我得知后,对此表示理解和支持,因为我相信容易走的路可能确实更好走,但只有发自内心的兴趣才能更好地挖掘自己的潜能。

连忠博士的这本专著是他三年读博生涯的学术成果,在他的博士论文基础上修改而成。本书涉及自然语言逻辑,内容有其专业性,全面公允地做出评价,并非易事。这里,我仅与读者朋友分享三点阅读感受。

就所涉学科而言,本书的内容是跨学科也是跨语言的,涉及形式逻辑、对比语言学、英汉对比与互译、平行语料库等诸多领域。作者面向自己的研究问题取精用宏,融会贯通。值得一提的是,对比语言学和英汉对比与互译是作者读博时的专业方向,而形式逻辑和平行语料库等领域则是作者踏实钻研过的。作者平日里经常研读欧文·柯匹(Irving M. Copi)等学者的《逻辑学导论》(*Introduction to Logic*)等逻辑学著作,还在上海外国语大学读博期间组织过殷海光先生的《逻辑新引》读书会,系统掌握了形式逻辑的基本内容。作者曾教过多轮"计算机辅助翻译""计算机辅助英语教学"课程,在语料库建设和利用方面也有着丰富的实际操作经验和感受。

就实用价值而言,本书既有析取关系标记"或"的逻辑归纳,又有虚词"或"的多义辨析及用法详解。可以说,这是基于实证依据和逻辑探析构建起来的虚词"或""or"的用法大全和译法大全之雏形。例如,书中所述的"'或'类析取关系标记确实一般不出现在疑问句、否定句和无条件句中"将"或"的逻辑语义分析和句法语用考察结合在一起,明示其语义特征和用法区域。又如,在译例分析中,基于对赵元任等译者的不同译法的考察,书中有如下归纳:"英语原文'no pictures or conversations'和'without pictures or conversations'译成汉语时,几乎所有的译者都避开使用'或',而用'(既)没有……又/也没有……'的关联手段,或者将原文的'or'改译为'和'。"这种基于多部译著语料的译法归纳,可以作为笔译的参考或指导。

就创新思维而言,本书作者开设并教过多轮"创新思维与英语学习"通识课程,在本书中也面向真实,抛开成见和偏见,对未知领域保持相当强的洞察力。在其"识别程序"部分指明了"所要研究的英汉语析取关系表达法并非事先就已经全部知晓的,所知道的只是一些他人的相关论述或知识"。这宣示了对析取关系的研究着眼于包括所有已知存在和未知存在的全貌。前人积累的相关知识只是研究的出发点。其研究目标不仅仅是探寻自然语言中析取关系的未知存在,而是洞察其存在形态的全貌。正是这种务实探索的勇气和创新思维的品质,让作者的这份学术成果有了较多的研究发现。

毋庸讳言,本书的论述尚有不完美之处,在论证的紧凑和学理的升华方面还有提升的空间。不过,我相信,本书的出版必能激励连忠博士在科研之路上不断超越自我,也将给有类似学术兴趣的读者奉上一份滋养心智的精神食粮。

是为序。

内容提要

语言凝结着人类的认知和情感,其中既有理性成分,也有非理性成分。理性成分主要体现为逻辑。逻辑又与文化交织,在共性之外呈现出东西方不同的样式。而自然语言逻辑与形式语言的逻辑表达式也不一一对应。从自然语言到其背后的逻辑内核,从西方逻辑到中国逻辑,均存在种种差异,需要深入对比辨析。

命题逻辑是形式逻辑中的基础内容,析取词又是命题逻辑中的基本联结词之一,以析取词刻画的命题真值关系为基础的逻辑语义关系即本书所探讨的析取关系。本书以语言世界观和逻辑文化观为理论背景,以析取关系的英汉语表达形式为研究对象,基于由《骆驼祥子》及其葛浩文(Howard Goldblatt)英译本(*Rickshaw Boy*:*A Novel*)、*Alice's Adventures in Wonderland* 及其赵元任汉译本(《阿丽思漫游奇境记》)自建而成的小型英汉双向平行语料库,从概念基础、析取支相容性、与其他真值联结词互动、析取关系标记显隐等方面对其中的析取关系表达法进行了穷尽性的考察,旨在分类描写平行语料库中析取关系句对的实际情形,同时对 Langacker(2009:355)和赵元任(2002:799)等学者的相关论断加以验证,进而勾勒出英汉语析取关系表达法的异同。

本书的研究发现主要有以下六点:

第一,不确定性是析取关系的概念基础,能统一解释析取关系在英汉语中的各种体现,包括:1)英汉语中的析取关系标记均能表示措辞更新;2)析取命题与特称命题在汉语中有紧密关联;3)正反并置和数字并置在英汉语中均能经由一定的语法化而分别表示正反问和约量。

第二,与析取联结词相同,自然语言中的析取关系标记也是默认相容的,其不相容性的解读是由级差含义这一语用因素促成的。说到底,析取支之间是否相容,不仅要看使用什么类型的析取关系标记,还取决于析取支的内容在事理上是否相互排斥。

第三,尽管析取关系标记的使用受句类的影响,不同的句类往往倾向于使用不同的析取关系标记。但是与目前学术界的一般看法不同,语料显示在一定条件下汉语中的"或"的确能用于否定句和无条件句,"还是"也确实能用于表示未知待解的陈述句。

第四,从语料统计结果看,赵元任(2002:799)所认为的汉语中最常用的"不是 p,就是 q"这一表达法,只是汉语中一种较常见(而非最常用)的析取关系表达法。"不是……就是……"这种蕴涵形式能表达析取意义,有其"或""则"转换的逻辑基础,刻画了析取三段论的推理过程,也体现了以汉语为母语者阴阳对举思维的影响。

第五,在汉语表达中,借助"有的""有时候"分述各类情况的特称命题在翻译成英语时可以通过析取关系来表达,含有"或是"的汉语原文在英译文中有时也可以借助"one""the other"等来分述。这说明"或""有"转换有语言事实基础,其哲学根据在于将可变整体分析为个别整体时产生了可能性的概念。

第六,并置是汉语中表达析取关系的重要手段。平行并置、否定并置、正反并置和数字并置是汉语并置法表达析取关系的四种主要类型。其中,数字倒连并置表达约量的方式是汉语中特有而英语中不具备的,对其成因本书做了初步解释。

上述六点研究发现,尤其是最后三点表明,对英汉语析取关系表达法的异同探讨,有助于窥探不同语言所体现出的不同民族的思维方式和表达习性。

语料来源

《骆驼祥子》原文及其译文

原文

老舍,1962. 骆驼祥子. 2 版. 北京:人民文学出版社.

老舍,2009.《骆驼祥子》手稿本. 北京:人民文学出版社.

各家译文(以出版年份为序)

Lau Shaw, 1945. *Rickshaw Boy*. King, E. (trans.). New York: Reynal & Hitchcock.

Lao She, 1979. *Rickshaw: The Novel Lo-t'o Hsiang Tzu*. James, J. M. (trans.). Honolulu: University of Hawaii Press.

老舍,2001. 骆驼祥子(汉英对照). 施晓菁,译. 北京:外文出版社.

Lao She, 2010. *Rickshaw Boy: A Novel*. Goldblatt, H. (trans.). New York: Harper Perennial.

Alice's Adventures in Wonderland 原文及其译文

原文

Carroll, L, 1993. *Alice's Adventures in Wonderland & Through the Looking-Glass*. Hertfordshire: Wordsworth Editions Limited.

各家译文（以出版年份为序）

卡罗尔,1981. 爱丽丝奇遇记. 管绍淳,赵明菲,译. 乌鲁木齐:新疆人民出版社.

卡罗尔,1981. 阿丽思漫游奇境记. 陈复庵,译. 北京:中国对外翻译出版公司.

加乐尔,1988. 阿丽思漫游奇境记(英汉对照). 赵元任,译. 北京:商务印书馆.

卡罗尔,2002. 爱丽斯漫游奇境. 张晓路,译. 北京:人民文学出版社.

卡罗尔,2003. 爱丽丝漫游奇境. 王永年,译. 北京:中央编译出版社.

卡罗尔,2009. 爱丽丝漫游奇境. 黄建人,译. 北京:光明日报出版社.

卡罗尔,2010. 爱丽丝漫游奇境. 何文安,译. 南京:译林出版社.

卡罗尔,2010. 爱丽丝梦游仙境. 冷杉,译. 北京:中国社会科学出版社.

卡罗尔,2012. 爱丽丝漫游奇境(全译本). 吴钧陶,译. 武汉:崇文书局.

目　录

第1章　绪　论

本章从讨论析取词的重要性切入,探讨选题的意义,接着由此界定本书所探讨的析取关系,然后回顾梳理以往的相关文献,进而提出本书的研究问题,最后简要陈述本书的章节安排。

1.1　析取词及其作用

考察析取关系的语言表达问题,必须先从析取词说起。

根据《辞海》第六版,"析取词"亦称"相容的析取",是数理逻辑中一种命题联结词,用符号"∨"表示。如 A∨B 即 A 和 B 的析取式,读作"A 析取 B"。在经典逻辑中,A∨B 的真假关系是:A 和 B 都假则 A∨B 假,否则 A∨B 真(夏征农,陈至立,2010:2037)。

析取词所刻画的两个支命题之间的真值关系是:只要有一真,整个析取命题即为真;只有两个支命题均为假时,整个析取命题才为假。由于与"命题"一词相对应的英文单词是"proposition",我们不妨按照目前通行的形式化习惯,将上述的 A、B 换作 p、q,并用 T、F 分别表示真值的真与假,那么析取词的真值演算关系可以用表 1 来表示。

表 1　析取真值表

p	q	p∨q
T	T	T
T	F	T
F	T	T
F	F	F

1

根据表 1,析取命题若取真值,则有三种可能,即前三行的支命题真值组配均可使得整个析取命题为真。

在现代逻辑体系中,由析取词联结两个支命题可构成析取命题。"由于析取命题表达的是选择,因此也叫选言命题"(王路,2004:10),或者选言判断。它们所包含的支命题,被称为选言支。此类术语仍在不少教材中被沿用,如陈波的《逻辑学导论》(2006)、宋文坚主编的《逻辑学》(1998)、金岳霖主编的《形式逻辑》(1979)。与析取词有关的自然推理系统规则如析取消除和析取引入,在传统逻辑中则常常被称为选言推理。在这些名称中,"判断"似乎是不够准确的,因为"在一个推理过程中,同一个命题可以是断定的,即判断,也可以是没有断定的,比如假设"(王路,2000:87)。为统一起见,本书采用如下术语:析取命题、析取支、析取三段论。

析取词无论在命题逻辑系统中还是在日常生活中都有着至关重要的作用。

在命题逻辑系统中,析取词的重要性首先来源于命题逻辑本身的基础性。传统形式逻辑包括名词逻辑和命题逻辑,传统名词逻辑的奠基者是亚里士多德,而命题逻辑理论则主要来源于斯多葛派。"在传统逻辑的整个体系中,命题逻辑是基础,名词逻辑是上层建筑",也就是说"一切名词逻辑系统都要以命题逻辑作为预设"(程仲棠,1990:1)。从中我们可以看到命题逻辑的基础地位。另外,从学科内容来看,形式逻辑主要研究推理,而"命题逻辑所探讨的五种命题联结词是日常表达中与推理的有效性联系最为紧密的"(王路,2004:216)。因此命题逻辑的基础性是不言而喻的。

与其他命题联结词相比较,析取词的重要作用还体现于它在命题演算中若与否定词配合,可定义其他所有的真值函数。雷·詹宁斯(Ray Jennings)和安德鲁·哈特林(Andrew Hartline)曾为《斯坦福哲学百科辞典》(*Stanford Encyclopedia of Philosophy*)撰写"disjunction"词条,他们认为析取与否定结合,足以定义其他所有的真值函数(provide sufficient means to define all other truth-functions)。怀特海和罗素也把"not"和"or"(记作"∨")当作原始概念,而把"if … then …"(记作"…⊃…")当作用前者定义出来的导出概念(转引自赵元任,2002:799)。

在当今信息时代,析取词也与人们的日常生活息息相关。

现代科技的各类查询系统往往支持"AND""OR""NOT"等运算符构成的搜索表达式,其中析取词"OR"是所支持的基本功能之一。人们使用互联网搜索引擎或者查询一般数据库信息时,能否正确理解并且恰当使用高级搜索操作符,会极大地影响搜索返回结果的针对性和召回率。微软 Office 组件之一的 Excel 软件支持非常强大的函数功能,对其中"OR"函数的有效运用也有赖于对析取词"OR"的准确理解。

析取词的重要性还体现在人们日常的问题求解活动中。人们在生产生活中必然要解决遇到的种种问题,问题解决因而成为人类不可或缺的智力探索活动。Sternberg 和 Sternberg(2012:451)指出,问题求解过程中有顺向推求法(working forward)、逆向推求法(working backward)、手段-目的分析法(means-ends analysis)、生成-测试法(generate and test)等四种探索方法(图 1)。

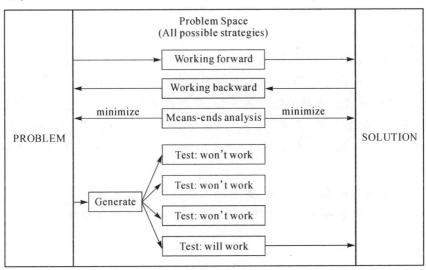

(Sternberg & Sternberg,2012:451)

图 1 斯坦伯格(Sternberg)问题求解

其中,"生成-测试法"是指问题求解者先生成可能的解决方案,然后逐一尝试排除式求解。这一求解过程背后的推理形式,其实质可以用析取三段论中的否定肯定式推理来刻画。生成的过程可以被视作穷尽性地扩展析取支的过程,而测试的过程实际上是不断汰劣择优的过程。

这一析取推理过程也可以通过语言表达出来。下面一段话来自现代著名小说《骆驼祥子》,描写了祥子遭到孙侦探恐吓,被拿走了闷葫芦罐里的所有积蓄之后的一段心理活动:

上哪儿去呢？这就成个问题,先不用想到别的了！下小店？不行！凭他这一身衣服,就能半夜里丢失点什么,先不说店里的虱子有多么可怕。上大一点的店？去不起，他手里只有五块钱，而且是他的整部财产。
上澡堂子？十二点上门，不能过夜。没地方去。

这段话所反映的推理过程可以用表2加以示意。

表2　问题求解的析取推理过程

问题	排查（在一定范围内进行逐个审查）		求解
	生成	测试	
上哪儿去呢？	下小店？	不行	没地方去
	上大一点的店？	去不起	
	上澡堂子？	不能过夜	

正如周建设所言，析取推理"在认识事物、思考问题方面，它具有推知事物情况和多方案选优等作用。比如，人们要判断事物的某一情况，或者解决某个具体的问题，或者实施某项较大的工程，常在调查研究的基础上，先提出多种可能，或多种解决办法，或多个实施方案，然后经过反复的、慎重的分析、比较，排除一些可能或办法或方案，最后筛选出最大可能或最优办法或最佳方案"（1996:302）。

从以上简要论述可以看出，析取词无论在理论系统内部还是在日常应用方面都具有不可忽视的基础作用。这是本书选题的一个重要缘由。

1.2　析取关系的界定

本书所探讨的"析取关系"，是指一种以析取词刻画的命题真值关系为基础的在自然语言中实际存在的逻辑语义关系。简言之，本书的析取关系是语义关系，它以析取词的真值演算关系为基础，但又包含了诸如语气、语序等命题逻辑所不关心的经验内容。这一定义势必牵涉我们对逻辑与语言关系的看法，这留待第2章讨论。

析取关系直观上非常类似于人们通常所谓的选择关系，析取命题也因此常常被称为选言命题。在相关的英语文献中，从事语言类型学研究的学者也常常使用"alternation relations"或"alternative relations"这样的名称（Crombie，1985；Mauri，2008a；Dixon，2009）。

国内汉语语法学界往往据此把选择复句分成两个小类，如邵敬敏（2007：

244)主编的《现代汉语通论》第 2 版把选择复句分为"取舍未定"和"取舍已定"两大类型。其中取舍已定又可以分为"先取后舍"和"先舍后取"两种,代表格式分别为"宁可……也不……"和"与其……不如……"。

Dixon(2009:30-31)在考察小句连接方式时将选择关系分为以下三个小类:

- Vd, disjunction 析取

这一小类的选项具有对称性和平等地位,顺序可以互换。在英语中以"or"来连接。例如:John will dance or Mary will sing. 也可以说成Mary will sing or John will dance.

- Vr, rejection 拒绝

两个选项中,为肯定其中一个选项而拒绝另一个选项。例如:John will dance instead of Mary singing.

- Vs, suggestion 建议

其中一个选项由于比另一个选项更合适而被推荐。例如:Perhaps John should dance rather than Mary singing.

与国内现代汉语语法学界的术语相对照,Vr 和 Vs 属于"取舍已定"这一类型。

不过,我们所考察的析取关系与选择关系有所不同,两者不能混同。析取关系是指析取词刻画的两个支命题之间的逻辑语义关系,而选择关系是日常生活经验里的一种语义关系,往往为语法研究者所常用。选择关系更加宽泛,可以有"不选""未选"和"已选"之分。不选是一种不做选择的选择,相当于析取真值表(表1,下同)中的第四行,即 p 与 q 均为 F,但是鉴于不选与析取关系相背离,我们暂不做考虑。再来看未选,由于尚未选择,析取真值表中前三行真值组配的可能性均存在。已选则是指取舍已定。根据析取关系的定义,取舍已定的选择关系显然不能被归结为析取关系,至少不是典型的析取关系。我们也许可以按程怀友(1988:119)所言将其看作省略了大前提(或称作第一个前提)的析取三段论推理,不过这已超出了本书的考察范围。

若从选择的视角看,在"不选""未选"和"已选"三者的区分中,本书只考察未选(即"取舍未定")这一类型的选择关系,大致相当于上述 Dixon(2009)所划分的 Vd 这一小类。也正是由于选择关系包含析取关系所不具备的取舍已定的情况,本书在 1.1 小节中斟酌术语使用时没有采用隐含选择义的"选言"这一说法。

1.3 相关文献的简要综述

析取关系的语言表达这一论题至少横跨了逻辑学和语言学两个学科。因此,这一节分别从逻辑学和语言学两个视角来梳理和综述相关研究。

1.3.1 逻辑学界的相关研究

形式逻辑"说到底仍然是研究人类思维推理规律的学问,而思维推理又与语言运用密不可分"(蒋严,2002:19)。以研究推理有效性为内容的逻辑科学,难免会有一个如何使用语言表达的问题。现代逻辑学家为了避免自然语言的歧义和不确定性,倾向于采用人工的形式语言。不过,逻辑思维总要在日常生活中体现出来,为人们自觉或不自觉地运用,因此国内外逻辑学家不得不思考形式逻辑如何通过自然语言来表述。

命题逻辑旨在研究"联结词的逻辑性质和相应的推理规律"(宋文坚,1998:37),因此命题逻辑的语言表达的关键在于如何用自然语言表述相应的命题联结词。命题联结词有否定词、合取词、析取词、蕴涵词和等值词五种,国内外逻辑学家从自然语言中为它们分别选择了相应的代表词。析取词的日常表达方式是多样的,但是从命题逻辑的角度,逻辑学家把它们都表达为"或者",在英语中则为"or"。有些教程甚至直接把析取命题定义为以"或者"联结的命题。下面选取较有代表性的文献加以简要介绍。

帕特里克·赫尔利(Patrick J. Hurley)的《简明逻辑学导论》(*A Concise Introduction to Logic*)在英美大学里流传甚广,目前已经推出了第 11 版。该书将五个真值联结词的语言表达进行了罗列,如表 3 所示(Hurley,2012:311)。

表 3 五个真值联结词的符号、名称及其逻辑功能、相应表达法

真值联结词的符号	名称	逻辑功能	相应表达法
～	tilde	negation	not, it is not the case that
·	dot	conjunction	and, also, moreover
∨	wedge	disjunction	or, unless
⊃	horseshoe	implication	if… then… , only if
≡	triple bar	equivalence	if and only if

作者还将自然语言中相应的表达方式进行了总结,如表 4 所示(Hurley, 2012:319)。

表 4　五个真值联结词及其英语表达

英语表达	真值联结词的符号
not, it is not the case that, it is false that	～
and, yet, but, however, moreover, nevertheless, still, also, although, both, additionally, furthermore	·
or, unless	∨
if… then, only if, implies, given that, in case, provided that, on condition that, sufficient condition for, necessary condition for	⊃
if and only if, is equivalent to, sufficient and necessary condition for	≡

从表 4 可以看出,与其他真值联结词相比较,析取词的表达方式是最少的。Hurley(2012)在传统认定的"or"一词之外,列入了"unless"这个一般逻辑教程中较少列为析取词的连词,这无疑是一大进步。

在一般逻辑学家的视野中,英语中常见的析取词是"or",而汉语中常见的析取词似乎不外乎"或""或者""要么……要么……"等几种可能。例如,盛新华在《逻辑的语言表达研究》这一专著中认为:

相容选言判断一般是用未定选择复句来表达的。所谓未定选择复句,是指那些数者选一,也可选两个以上表示或此或彼的意思,也就是任选关系。这种判断一般由连词"或者"、"或"构成的陈述句式来表达,也可以由包含"或者"的并列短语的句子来表达。(2010:171)

不相容选言判断是用限定选择复句来表达的。所谓限定选择句是指几者之间只能选一,最常见的是二者选一。常用的句式有两种,一种是用"要么……要么……"句式,另一种是"要么……要么……,二者必居其一",有时也用"或者……或者……,二者必居其一"。(2010:173)

盛新华对析取命题的语言表达的看法在当前国内逻辑学界比较有代表性。

国内逻辑学文献还提到了少数其他析取关系表达法。例如,王路(2004:9-10)在讨论析取词时说,析取命题的日常表达方式不如合取那么多,但是也不止一种。比如下面的命题:签字或盖章。|也许你说得对,也许他说得对。|要么武松打死老虎,要么武松被老虎吃掉。|婚姻状况或是单身,或是已婚。|本店付款方式请用现金、信用卡、储蓄卡或支票。从上面五个例子可以看出,

王路在"或""或是""要么……要么……"之外,列入了"也许……也许……"。陈波在其《逻辑学导论》中认为,"或者"和"要么,要么"分别是下面两组相应连接词的概括和抽象:a)或者,或者;要么,要么;也许,也许;可能,也可能;等等。b)要么,或者;要么,要么;二者必居其一;等等(2006:49)。与前述相比较,陈波纳入了"可能……也可能……"这一表达法。

总体而言,逻辑学界对析取关系的表达方式的挖掘和描述显得有些单调干枯,似乎没有揭示自然语言中的丰富表现法。面对丰富多彩的实际语言生活,假如我们承认自然语言表达方式的丰富性,那么我们自然就会生发这样的疑问:实际语料中是否还有其他可能的析取关系表达法? 上述这些表达法汇总起来,是否已经基本涉及了汉语中析取关系的主要表达手段?

1.3.2　语言学界的相关研究

出于自己专业的研究目的,逻辑学家为命题逻辑特制了～、¬、∧、·、∨、→、⊃、↔、≡等人工符号,用以消除自然语言中可能的歧义所带来的干扰。大多数逻辑学家对自然语言联结词本能地不信任,期待他们对析取关系的语言表达做出详尽细致的考察,无疑是一种苛求。这一问题的大部分工作,似乎需要由致力于探寻语言规律的语言学研究者来完成。

考察析取关系这一语义功能范畴如何在自然语言中得以表达,最好遵循从意义到形式,即由内而外的研究路径。可惜,由于语义的研究难度较大,对从意义到形式的表达机制,语法学家历来研究甚少。就析取关系而言,吕叔湘曾在《中国文法要略》(1990)表达论中与"范畴"相对的"关系"名目下讨论了交替、两非、高下等关系,可以认为是对析取关系的汉语表达方式的早期探索。朗格克瑞在《篇章语法》(*The Grammar of Discourse*)一书中将交替(alternation)定义为"意念上的'or'关系"(notional or relations),并分为"alternation with only two possible alternatives"和"alternation with more than two alternatives"两小类加以讨论(Longacre,1983:91-94)。

从语言形式上看,与析取关系相关的文献还有对复句、连词以及小句连接方式的探讨。黄伯荣和廖序东(2007:125)主编的《现代汉语》(增订四版)下册将选择复句的常用关联词语做了归纳,如表5所示。

表 5　选择复句的常用关联词语

未定选择	数者选一	合用	或者(或、或是)A,或者(或、或是)B　是 A,还是 B
		单用	或者　或是　或　还是
	二者选一	合用	不是 A,就是 B　要么 A,要么 B　要不 A,要不 B
已定选择	先舍后取	合用	与其 A,不如(无宁、宁肯、还不如、倒不如)B　不 A,而 B
		单用	还不如　倒不如
	先取后舍	合用	宁可(宁、宁肯、宁愿)A,也不(决不、不)B

　　根据 1.2 小节中的论述,已定选择这一部分不在我们的讨论范围之内。此外,值得着重参考的还有邢福义(2001)对复句的研究、周刚(2002)对连词的考察等等。

　　另外,语法学家常常将表达析取关系的"或"(or)放在并列结构或者并列关系中,与"和"(and)等一起加以讨论,如赵元任(Chao,1968)、马清华(2005)、邓云华(2005),或者事实上分散在全书各个章节中,如 Quirk 等(1985)。相关讨论往往着重从句法表现角度加以考察。Dixon(2005:67-68)也曾在《英语语义语法》(*A Semantic Approach to English Grammar*)一书中梳理了小句连接的种类,将"or"置于并列连接词(coordinate linker)的名目下,与"and""but"合并讨论。Halliday 和 Hansan(1976)则从篇章衔接的角度在并列结构一章部分涉及了析取关系的表达,认为"and"和"or"的用法要区分是结构要求还是本身是连词。吴静和石毓智(2005)结合命题逻辑讨论了英汉并列结构的语法共性与个性,其中涉及析取关系表达法的英汉异同比较。张宁(Zhang,2009)以生成语法的视野写成了《并列句法》(*Coordination in Syntax*)专著,其中对析取关系标记着墨不多,只有极少几处提及。语言类型学研究者同样着重对并列关系进行探讨,例如卡特琳娜·毛里(Caterina Mauri)于 2008 年出版的《欧洲及其他地区语言中的并列关系》(*Coordination Relations in the Languages of Europe and Beyond*)一书,还有 Haspelmath(2007)和 Comrie(2008)的相关研究。

　　上段所述文献均将"或"/"or"归入并列结构或并列关系,与"和"/"and"等合并讨论,也许这是因为语言类型学研究发现,析取关系标记的使用频率往往比合取关系标记更低(Haspelmath,2004:27)。但是,合并讨论无疑会挤压析取关系的讨论篇幅,这至少不利于深入挖掘析取关系和合取关系的区别,不利于深入探讨析取关系。

1.3.3 语言与逻辑相结合的研究

语言表达往往或明或暗地遵循着逻辑规律,而逻辑也与自然语言有着千丝万缕的联系。那么,逻辑学家与语言学家的研究兴趣自然就有了交集。其中,析取支的相容性问题就一直吸引着逻辑学家的兴趣,同时也引起了语言学家的极大关注。

虽然命题逻辑中的析取词默认是相容的,但是现行的逻辑学教材中还常常见到相容析取与不相容析取的区分,相应的三段论推理也分为相容析取三段论和不相容析取三段论。相容析取与不相容析取可以分别由表 6 中的两个真值表来刻画。

表 6   相容析取和不相容析取的真值表对照

p	q	p∨q		p	q	p∨q
T	T	T		T	T	F
T	F	T		T	F	T
F	T	T		F	T	T
F	F	F		F	F	F

相容析取　　　　　　　　　　　　　　不相容析取

两者的区别在于,相容析取允许两个析取支同时为真,而不相容析取不允许两个析取支同时为真。在拉丁语中,相容析取关系与不相容析取关系分别由"*vel*"和"*aut*"两个单词来表示。根据 Copi 和 Cohen(1990)的说法,现代逻辑学家所使用的析取符号∨就是来源于"*vel*"这个单词的首字母 v。同时,不同逻辑学家也为不相容析取关系创制了 ∨、⊕、XOR 等符号。

不过,用不同的词来表达相容析取关系和不相容析取关系,并非为拉丁语所仅有。在芬兰语中,两者分别由"tai"和"vai"来表达。[①] 在汉语中,国内逻辑学界常常把"或者"和"要么"当作相容析取关系和不相容析取关系的标志性词语。

反观英语,"or"这一单词身兼二任,既可以表达相容析取关系,也可以表达不相容析取关系。在语言实际使用中,"or"似乎更多地表达不相容析取关系。因此,van Dijk(1977:63)认为,自然语言中的"or"一般表达不相容的意义,至少同时至多有一个析取支必须是真的(natural language *or* is generally

---

① 参见 http://linguistics. stackexchange. com/questions/925/are-there-languages-that-distinguish-between-inclusive-and-exclusive-or。

EXCLUSIVE in the sense that at least and at most one disjunct must be true)。Langacker(2009:355)在讨论并列结构的概念基础时也认为,自然语言中所默认的是"or"的互斥义,也就是说互斥义是"or"的基本义(I take the exclusive sense to be basic, the default for natural language)。Longacre (1983:91)甚至在《篇章语法》(*The Grammar of Discourse*)一书中将交替(alternation)只看作不相容的析取关系,并且强调他还没见过有一种自然语言天然地能表达"and/or",甚至认为拉丁语中的"*vel*"也并不总是能表达"and/or"这种相容析取关系。

如上所述,命题逻辑中析取词默认是相容的,而语言学家特恩·范·戴克(Teun A. van Dijk)、罗纳德·兰艾克(Ronald W. Langacker)和罗伯特·朗格克瑞(Robert E. Longacre)均认为自然语言中的"or"默认表达不相容析取关系。显然,逻辑学家与语言学家的意见截然相反。如果考察实际语料,"or""或者"等词语所表达的析取关系相容性会是怎样的情形呢?这值得进一步探讨。

诚然,要能洞察析取关系的语言表达的真正规律,需要同时具备较好的逻辑学素养和语言学素养。具备这样条件的学者,古往今来学术史上并不常见。因此,这类通才的观点特别值得注意。赵元任就是这样一位在逻辑学和语言学两个领域都有很高造诣的大学者。他在《汉语语法与逻辑杂谈》("Notes on Chinese Grammar and Logic")一文中写道:

> Instead of saying p or q, the preferred way (that is, the most frequent way) of saying the same thing is: If not p, then q. Example: *Nii bu lai woo jiow chiuh*, "If you don't come, I then go," i. e., "Either you come or I go." Or, *Bush nii lai jiowsh woo chiuh*, "If it is not a case of your coming, then it is a case of my going."
>
> ... by far the preferred way of saying "or" is to turn it into its "if ... then" equivalent ... (Chao,1955:34)
>
> 在汉语语法中,人们通常不说"p 或者 q",表达同一意思的更受欢迎的方式(也就是出现频次最高的方式)是:"不 p 就 q"。例如:"你不来我就去"或者"不是你来,就是我去"。
>
> 在表达相当于"or"的意思时,说汉语的人们还是更倾向于使用与"if... then..."等价的"不是……就是……"句式。(赵元任,2002:799. 笔者根据原文增补个别字词)

对于母语是汉语的读者来说，"不……就……""不是……就是……"能表达析取关系，这不难理解。不过，赵元任在原文中用了"preferred"一词，还特意在括号中加注说明这是出现频次最高的表达方式，语气是如此肯定，这不免令人生疑。现代汉语实际语料中，"不……就……""不是……就是……"这类析取关系表达方式的使用频率到底是怎样的？使用时的语义语用条件有哪些？

就笔者阅读所及，与本书旨趣类似且以对比视野探讨英汉析取关系表达法的论文，并不多见。杜国平（2008）的论文是难得的一篇。他利用百度新闻搜索引擎（http://news.baidu.com）搜索"或者"，然后截取排列顺序，统计最前面的 200 个搜索结果作为汉语样本，从《英语例句大全》的 16213 个例句中选择了包含"or"的语句 130 句，另外从常见的英语谚语俚语和文学作品中选择包含"or"的语句 50 句，合计 180 句作为英语样本。然后，他结合统计结果对比分析了"或者"和"or"的逻辑特征。该研究发现，"或者"比"or"在更高的频率上表达逻辑联结词"析取"的含义；"或者"和"or"在前后项的可交换性方面差别不大；"or"比"或者"更多地表现出选择的倾向性；作为不相容选择关系的"or"与"或者"相比其前后项更多地满足逻辑排中律；在与其他联结词的相互转化方面，"or"比"或者"表现更为明显。

从研究设计看，其主要缺陷在于英汉语料缺乏较好的可比性。汉语语料采自网络新闻，英语语料采自他人编著的例句大全，而且又特意从谚语俚语和文学作品中采集例子。在语体、题材、体裁等方面，英汉语料缺乏较好的对等性。在对比分析英汉析取关系表达法时，提高所用语料的质量，无疑有助于增强研究结果的可靠性。

1.4　研究问题

如上一节所述，目前国内外逻辑学界对析取关系的语言表达问题的研究似乎未能体现实际语言运用的丰富性。而语言学界则往往将析取关系置于并列结构、选择复句或小句连接等名目下与"and""but"等并列连词合并讨论，很少将析取关系分离出来进行专题研究，因而往往显得零星而不系统。从对比角度探讨英汉析取关系表达法的研究也不够丰富，所依赖的语料在研究设计上也常常存在缺陷。析取支之间的相容性问题、汉语中析取关系与蕴涵关系之间的关系问题，也值得深入探讨。如本书书名所示，本研究致力于以英汉平

行语料为基础对英汉语的析取关系表达法进行对比分析,因此我们在探讨之
初设定以下三个研究问题:

（1）在实际的英汉双向平行语料库中,析取关系在英汉语中是如何得以表
达的? 具体而言,本研究希望利用英汉双向平行语料库穷尽性地分类考察:
a)析取关系在英汉语中有哪些表达方式? b)这些表达方式所编码的语义类型
有哪些? c)各表达方式之间,语内比例是怎样的? d)析取关系的表达方式在
对译过程中的语际对应情况是怎样的?

（2）英汉析取关系的常见标记"or""或者"是否如诸多学者（van Dijk,
1977:63;Longacre,1983:91;Langacker,2009:355)所言一般默认解读为不相
容? 如果不相容的解读是自然语言默认的,那么该如何理解它与命题逻辑中
的析取默认相容之间的差异?

（3）"不 p 就 q"或者"不是 p 就是 q"是否如赵元任（2002:799)所说确实是
汉语中最常用的析取关系表达法? 换言之,汉语中析取命题是否更多地通过
蕴涵命题来表达,并且与否定紧密关联? 进而可以探讨的是:析取与否定、蕴
涵的互动（转换或共现)在英汉语中是如何体现的?

严格地讲,以上三个研究问题实际上是三组研究问题。从研究问题的性
质看,第一个研究问题实际上是描述-归纳性的,强调从实际语料中去发现、归
类并探讨,而第二个和第三个问题则是假设-验证性的,希望借助真实语料的
穷尽性考察,对学界已有的两个论断加以验证。

1.5　章节安排

除本章绪论外,第 2 章将梳理与本研究有关的理论基础,把析取关系确立
为重要的语义功能范畴之后着重探讨语言世界观和逻辑文化观的融通问题。
第 3 章主要讨论语料库的建设与检索,其中包括英汉双向平行语料库的建设
以及在此基础上建设析取关系英汉平行句对库的问题。第 4 章、第 5 章和第
6 章分析检索所建的英汉双向平行语料库的各类结果。其中第 4 章结合语料
考察析取关系的概念基础和析取支的相容性,第 5 章结合语料考察"或""or"
对译、"或""则"转换、"或""与"转换、"或""有"转换等情形,第 6 章探讨汉语析
取关系标记隐性存在时的英汉对译情形,从平行并置、否定并置、正反并置、数
字并置等方面展开讨论。最后一章是结论,列举本书主要的研究发现,探讨本研
究的理论意义和应用价值,同时指出本研究的不足之处和进一步研究的方向。

第 2 章　理论基础

本章主要讨论对比分析英汉析取关系表达法时的共同基础,以及由此引发的诸多相关理论问题。由于对于逻辑与语言关系的回答不同,学术界常常立论各异,我们的理论探讨或许更恰当地说是一个理论取向问题。

2.1　析取关系作为重要的语义功能范畴

要对英汉语中的析取关系表达法进行对比研究,需要梳理不少理论问题。我们首先要思考什么是这种对比描述的共同基础。根据许余龙(2010a:27)的观点,"一项具体语言对比研究的对比基础,是对两种或两种以上语言进行对比描述的共同出发点或参照点,它通常是语言中普遍存在的(或至少是两种语言所共有的)某种属性或范畴"。那么,探讨英汉析取关系表达法的可比性问题,就相当于探讨析取关系能否被视作人类语言中普遍存在的重要范畴。

在 1.2 小节中,我们将析取关系界定为以析取词刻画的命题真值关系为基础的在自然语言中实际存在的一种逻辑语义关系。因此,我们可以将析取关系看作重要的语义功能范畴"关系"中的一种。

胡壮麟在赵世开主编《汉英对比语法论集》的《关系》一文中,曾介绍并比较吕叔湘在《中国文法要略》、兰道夫·夸克(Randolph Quirk)等人在《英语语法大全》(*A Comprehensive Grammar of the English Language*)和韩礼德(Michael Halliday)在《功能语法导论》(*An Introduction to Functional Grammar*)中所采用的模式。他有一段持论公允的评论:

> 关系是语言学的语义功能范畴之一,它研究自然语言中表达两个或两个以上的事物或事件之间的联系。在传统语法中它常指有关连接两个或两个以上的词语或小句的连词,有时包括起同样作用的其他词类。……对关系的研究是概括这些事情之间的关系类型及其在语言中的

体现方法，从而对自然语言，具体说，对语篇的生成和理解有更深入的了解。就反映客观世界来说，操英语者和操汉语者都要表达两个或更多事情之间的语义联系这个语义功能，这是共性，但不同学者在不同理论指导下对不同语言的关系类型会有不同的理解或认识，因而总结出不同的范畴。(胡壮麟，1999：254)

这一段论述有助于我们增进对关系范畴的理解，不过，关系范畴可以分为哪些小类，如何尽可能确保这些小类具有跨语言的共性，这些问题值得进一步探讨。

我们知道，命题逻辑通过否定、析取、合取、蕴涵、等值等五个真值联结词刻画了两个支命题之间的各种真值关系，而命题逻辑是世界各民族操各种语言者所普遍遵守的推理有效形式的规律，对人们日常思维的有效运行发挥着不可或缺的重要作用。质而言之，形式逻辑是人类思维的共同规律，语言表达说到底都是思维内容的反映。在这个意义上讲，我们可以将命题逻辑所刻画的各种关系看作关系范畴的各个小类，将其中的析取关系看作自然语言的基本语义功能范畴之一。

Jespersen(1924/1951)区分了从意义到形式(从 I 到 O)和从形式到意义(从 O 到 I)的两种不同的语言研究路向，并且强调了前者的重要性。Chesterman 在《对比功能分析》(*Contrastive Functional Analysis*，1998)一书中也明确肯定从意义到形式的研究路向。潘文国和谭慧敏(2006：301)、王菊泉(2011：19-21)等学者更是明确地认为，语义可以作为语言对比研究的基础。毕竟，"逻辑关系也是一种语义关系，只是这种语义关系在命题逻辑中具体表现为在真值上的相互联系和相互制约"(徐阳春，2002：3-4)。可以说，本书中的对比研究也是采取从意义出发的进路。

刘宓庆(2006：485)曾列表说明语言比较研究的层级性，如表 7 所示。

表 7　层级性：语言的比较研究

层级	内容	相似性
第一层级　表层	语言符号体系 ① 文字系统 ② 语音系统	相似性 vs.非相似性
第二层级　中介层	语法体系及表现体系	相似性 vs.非相似性
第三层级　深层	思维方式与思维风格体系	相似性 vs.非相似性

把析取关系看作自然语言的基本语义功能范畴,进而探讨其英汉析取关系表达法的异同,如果以对比研究分三个层面的思想(潘文国,谭慧敏,2006:155-159)来观照,这样的做法可以说是第二层次即语言表达法的对比。

另外,我们将析取关系看作自然语言的基本语义功能范畴,也是出于对比语言学学科精神的考虑。叶斯柏森认为,语言比较有助于我们"更深刻地理解人类语言和人类思维的最内在的本质"(Jespersen,1924/1951:347)。沃尔夫也指出,"(对比语言学)以不同语言在语法、逻辑以及对经验的一般分析上的显著差异为研究对象"(Whorf,1941/1956:240)。从中可以看到,叶斯柏森和沃尔夫均把思维、逻辑列入语言对比研究的视线之内。析取关系源于命题逻辑,从这一点上讲,本书选取的研究对象,即析取关系表达法,是符合这一学科精神的。

2.2　语言世界观与逻辑文化观

讨论形式逻辑与自然语言的不同之处,必然会涉及两者的普适性问题。常见的观点是,语言随着地区、民族等因素的不同而不同,而逻辑则是人类思维的共同规律。大体上说,这种观点并无大错,但有笼统之嫌,不够深入。本节拟简述本书所持的语言世界观和逻辑文化观。

2.2.1　语言世界观简述

语言观问题,或者说"什么是语言"的问题,"对于对比语言学来说,是根本的问题、原则的问题,是第一个和具有决定性的问题。在这个问题上的不同认识,会导致对比语言学研究向完全不同的方向发展"(潘文国,谭慧敏,2006:189-190)。在潘文国和谭慧敏看来,语言观问题处在对比语言学学科建设的底座。他们经过认真的爬梳和比较,认为从最本质的方面看,所有不同的对语言的定义都可以概括为下面四种语言观之一,即自足系统观、交际工具观、天赋能力观,以及文化语言观,即把语言看作一种文化或一种民族的世界观。其代表人物分别是索绪尔、斯大林、乔姆斯基和洪堡特。其他的各种观点都可以以这样那样的方式归纳进这四种最基本的观点之中(潘文国,谭慧敏,2006:198)。他们认为,在这四种语言观中,20世纪90年代以来的中国主流对比语言学选择了第四种,亦即洪堡特的语言世界观学说,作为自己建立对比语言学的理论基础(潘文国,谭慧敏,2006:201)。潘文国(2001:35)在综合前人有关语言本质的研究成果的基础上概括出了一个更明确、更紧凑、更简洁的语言新定义：语言是人类认知世界及进行表述的方式和过程。

语言世界观(linguistic world view)，或者说，语言作为世界观(language as world view)，这个概念最早可以追溯到 19 世纪 20 年代洪堡特(1767—1835)的著作中，其德文为"Weltanschauung"(Duranti,1997:62;陈忠华,韩晓玲,2007:63)。按洪堡特(1999:398)更通俗的解释，世界观就是对世界的看法。在更广的意义上，语言世界观问题就是语言与思维和文化的关系问题，它涉及语言的本质、语言与人的关系这样的一些老问题。

洪堡特以后，一些语言学家如辉特尼、赛斯、鲍阿斯、萨丕尔、马林诺斯基、刘易斯、沃尔夫、叶斯柏森、克洛克洪、戈第纳夫等人坚持和丰富了这一学说(潘文国,谭慧敏,2006:208)。后来追随洪堡特的一些学者对"每一语言都包含着一种独特的世界观"的理论继续进行阐发和研究，对语言的性质进行了一些富有启示性的解释。德国语言学家魏斯格贝尔根据洪堡特的这一论断，认为语言与语言之间的差别具有巨大的哲学意义、语言学意义、文化史的意义甚至美学意义和法学意义。在魏斯格贝尔之后，美国的人类语言学家萨丕尔、沃尔夫进一步对语言世界观的问题进行了研究，提出了著名的"萨丕尔-沃尔夫假设"，其核心的思想就是语言决定思维，语言不同，人们的思维方式也就不同(徐通锵,2005:8-9)。

这里暂且让我们来简略探讨解读持语言世界观的代表性学者洪堡特的相关思想，相关的一段重要陈述引述如下：

> Since all objective perception is inevitably tinged with subjectivity, we may consider every human individual, even apart from language, as a unique aspect of the world view. But he becomes still more of one through language, since as we shall see later, by an added meaning of its own the word constitutes itself an object for the mind, and superimposes a new character. Via the latter, qua character of a speech-sound, a pervasive analogy necessarily prevails in the same language; and since a like subjectivity also affects language in the same notion, there resides in every language a characteristic world view. (Humboldt,1988:59-60)

> 任何客观的知觉都不可避免地混杂有主观成分，所以，撇开语言不谈，我们也可以把每个有个性的人看作世界观的一个独特的出发点。但个人更多地是通过语言而形成世界观，因为正如我们下面还要讲到的那

样,词会借助自身附带的意义而重新成为心灵的客观对象,从而带来一种新的特性。在同一语言中,这种特性和语音特性一样,必然受到广泛的类推原则的制约;而由于在同一个民族中,影响着语言的是同一类型的主观性,可见,每一语言都包含着一种独特的世界观。(洪堡特,1999:72)

徐通锵评论说,世界观属于思维的范畴,"语言世界观"说明语言与思维的相互依存性和一致性,洪堡特"每一语言都包含着一种独特的世界观"的论断完全抓住了语言与思维两者关系的关键。"我们可以这样说,思维是语言通向现实的桥梁,而语言则是人类进行思维的工具,我们可以通过语言的结构和语言的运用情况去观察某一个语言社团的思维方式。这就是说,语言是观察思维方式的窗口,甚至可以说是一个惟一的窗口。⋯⋯人类面对的现实是相同的,但从哪一个角度去观察现实、进行编码? 不同的语言社团由于受地理环境、生活条件、风俗习惯等等的差异的影响,可以是完全不同的;这种不同就会使语言呈现出认识现实、表现现实的不同方法,形成不同的语言结构,产生'每一语言都包含着一种独特的世界观'的问题。"(2005:7-8)

除此之外,洪堡特还把语言提高到了民族精神的高度,提出语言是民族精神的外在表征,而民族精神则是语言的内在实质;"民族的语言即民族的精神,民族的精神即民族的语言,二者的同一程度超出了人们的任何想象"(1999:52-53)。洪堡特认为:

It therefore strikes with all the most delicate fibres of its roots into the national mentality; and the more aptly the latter reacts upon it, the more rich and regular its development. And since, in its integrated webwork, it is only an effect of the national feeling for language, there can be no basic answer to those very questions which refer to the formation of languages in their inmost life, and from which at the same time their most important differences arise, if we do not ascend to this point of view. (Humboldt,1988:21)

语言的所有最为纤细的根茎生长在民族精神力量之中;民族精神力量对语言的影响越恰当,语言的发展也就越合乎规律,越丰富多彩。语言就其内在联系方面而言,只不过是民族语言意识(der nationelle Sprachsinn)的产物,所以,要是我们不以民族精神力量为出发点,就根本无法彻底解答那些最富有内在生命力的语言构造有关的问题,以及最重大的语言差异缘何而生的问题。(洪堡特,1999:17)

王文斌对洪堡特的这一思想有扼要的阐释:"每一种语言都是民族思维的历史积淀,折射出一个民族观察、感知和理解世界所独具的思维范式。民族的精神特性与语言形式两者之间关系紧密,不论从何者切入,均可从中推导出另一者,这是因为民族精神与语言形式必然相互应和。"(2013:164)

简而言之,洪堡特以上论断的核心内容是,一种语言的内在语码蕴藏着一种内在的世界观,特定的语言表征形式映现特定的民族思维方式(王文斌,2013:164)。

在本研究中,我们的语言观就是语言世界观。析取关系属于思维范畴,关注析取关系表达法也就是关注不同语言对民族思维方式的揭示。不同民族的思维方式有同有异,语言世界观因而为我们探讨思维方式的多样性开启了可能。

2.2.2　逻辑文化观简述

本节所谓"逻辑文化观",指的是将逻辑看作一种文化现象,强调逻辑的文化相对性。其基本观点是:逻辑依存于文化,不同的文化又孕育出不同的逻辑。王克喜(2006:35-40)撰文指出,逻辑学作为一种科学其实是一种文化现象,是一定民族文化发展引申的结果,因此一定文化土壤孕育的一定的逻辑学不能超越一定的文化,它必然要受到一定文化的影响和制约;同样,逻辑学作为一种工具性的学科,一经形成就会对相应的文化现象产生这样或者那样的影响和制约。

周礼全在国内权威工具书《中国大百科全书·哲学》"逻辑"条目中讨论"不同的逻辑传统"时说:"逻辑所研究的正确推理形式及其规律,是任何正确认识和任何学科都必须应用和遵守的,因而是全人类共同的。正确地反映正确推理形式及其规律的逻辑,也是全人类共同的。在这个意义上,没有不同民族、不同阶级和不同个人的逻辑。但是,另一方面,逻辑作为一个知识体系,总是某一时代、某一民族和某些个人的产物,因而就不可避免地要带有某个时代、某个民族和某些个人的特点。因此,在逻辑发展的历史过程中,就产生了许多不同的逻辑体系并形成了三个不同的逻辑传统,即中国逻辑传统、印度逻辑传统和希腊逻辑传统。"(1987:535)

对于这三个不同的逻辑传统的产生及其文化差异,国学大师王国维在1905年所写的《论新学语之输入》一文中有扼要而又中肯的讨论:"抑我国人之特质,实际的也,通俗的也;西洋人之特质,思辨的也,科学的也,长于抽象而精于分类,对世界一切有形无形之事物,无往而不用综括(generalization)及分析(specification)之二法,故言语之多,自然之理也。吾国人之所长,宁在于实践之方面,而于理论之方面则以具体的知识为满足,至分类之事,则除迫于实际之需要外,殆不欲穷究之也。夫战国议论之盛,不下于印度六哲学派及希腊诡辩学派之时代。然在印度,则足目出,而从数论声论之辩论中抽象之而作因明学,陈那继之,其学遂定。希腊则有雅里大德勒自哀利亚派诡辩学派之辩论中抽象之而作名学。而在中国则惠施、公孙龙等所谓名家者流,徒骋诡辩耳,其于辩论思想之法则,固彼等之所不论,而亦其所不欲论者也。"(2007: 22-23)

逻辑学说到底是一种文化现象,是一定民族文化中思维方式孕育的结果,因而也就必然会形成不同的逻辑传统。逻辑研究,特别是在它创立初期,受到民族语言和文化的影响不可避免,或者说,这是必然的。"从原始思维的发生而言,语言是最原始的思维方式。当选择了某种语言的时候,就意味着选择了某种思维方式。"(张岱年,成中英等,1991:193)不同的思维方式自然就催生了不同的逻辑样式。

其实,早在民国时期,张东荪就对逻辑与文化的关系深入探讨,并指出:"逻辑是由文化需要而逼迫出来的,跟着哲学思想走。这就是说逻辑学不是普遍的与根本的。并且没有'惟一的逻辑'(logic as such),而只有各种不同的逻辑。"(1995:387)

对于逻辑与文化的关系问题,学术界一直以来存在争论。争论的焦点在于:文化对逻辑影响是否到了决定性的程度?或者说,文化是否对逻辑有决定性的影响?

程仲棠(2006)在《评张东荪的文化主义逻辑观》一文中认为,逻辑在文化中具有双重身份:对人类文化的总体而言,它属于文化;对各个民族的文化而言,它是超文化的。他认为,张东荪的文化主义逻辑观的基本主张包含把逻辑泛化为思维方式和把逻辑的语言载体当作逻辑的本体的错误。

与逻辑文化观常常相伴而生的另一个问题是:中国古代是否存在逻辑学?对这个问题的回答同样存在不同的声音。程仲棠(2009)给出的答案是否定的,他要解构这一命题,为此在中国社会科学出版社出版了《"中国古代逻辑学"解构》这一专著。

我们无意介入这些学术争论,在此仅引述一些学者的观点来阐明我们的理论倾向。正如鞠实儿(2010:46)所言,我国传统文化和现代文化各自具有其独特的分类系统。因此,当我们试图从后者的角度观察前者时,一个典型的难题是:中国具有"某某学"吗?其中"某某学"是现代文化中的一个学科名称,例如科学、哲学、逻辑学等等。中国古代是否有逻辑学的问题由此而产生。用浸透西方知识传统因素的现代文化中的观念和眼光,在中国古代显然是找不到逻辑学的,有的只是名辩学,而非逻辑学。

在起源于亚里士多德、弗雷格、罗素的形式逻辑中,论证被抽象地理解为由前提与结论组成的语句串,它的有效性取决于论证本身的形式结构。这种形式论证不考虑说理过程中不可或缺的社会文化因素。相对于西方传统,中华文明背景下的逻辑具有不同的目标,主导推理类型和推理成分的分析,例如墨家逻辑。绝非巧合,人们发现起源于印度文明的佛教逻辑与隶属于现代文化的逻辑也有实质的区别。中国古代逻辑和佛教逻辑的共同特点在于:其一,它们分别体现了古代中国和佛教在不同的社会环境下的说理方式;其二,它们均无法在形式逻辑的框架内得到恰当的描述;其三,由于文化背景的不同,它们各自具有与非形式逻辑不同的论证规则和模式(鞠实儿,2010:37,42)。

2010 年,鞠实儿在《哲学研究》上发表了长文《论逻辑的文化相对性——从民族志和历史学的观点看》,根据家族类似理论中概念用法扩展的思想,从逻辑概念的基本用法和逻辑对社会文化因素的依赖性入手,推广非形式逻辑概念,提出了广义论证逻辑概念,进而扩展了逻辑家族成员,使之包括除现代文化的非形式逻辑之外他文化的广义论证逻辑,如中国古代逻辑、佛教逻辑、阿赞得人的逻辑等。他在现代文化中证明:无论在元理论还是在对象理论层面上,无论从描述还是从规范的角度看,逻辑均相对于文化。对于任何一种逻辑,我们均无法证明它具有超越条件限制的合理性;它的合理性仅相对于它所属的文化。

现代学术史上,许多学者均积极肯定中国古代逻辑的存在,肯定中国逻辑的存在实际上就是间接地支持了逻辑的文化相对性。严复在其翻译的耶方斯《名学浅说》中说:"夫名学为术,吾国秦前,必已有之。"(耶方斯,1981:46)创立"逻辑"译名①的章士钊在《逻辑指要》(1961)"自序"中则称:"寻逻辑之名,起于欧洲,而逻辑之理,存乎天壤。其谓欧洲有逻辑,中国无逻辑者,謷言也。其谓人不重逻辑之名,而即未解逻辑之理者,尤妄说也。"他在该书"例言"中补充说:"逻辑起于欧洲,而理则吾国所固有。……先秦名学与欧洲逻辑,信如车之两轮,相辅而行。"

---

① 1910 年,章老在梁启超办的《国风报》上发表《论翻译名义》一文,主张"logic"直接音译为"逻辑"。其后又在他自己办的《甲寅》刊物上阐述过这个意见。这一译名经过学术界的讨论和时间的考验,终于成为学者公认之名,至今沿用不废(卞孝萱,2001:14)。

　　钱穆认为："若谓西方人之逻辑乃人类思想通律，不通逻辑，即无法运用思想。然则中国古来向无逻辑一项学问，即不啻谓中国人自始皆不能思想，抑是中国人思想皆不合逻辑。如公孙龙之'白马非马'论，遂群目之为诡辩。但西方逻辑学中论名词涵义，本有内包、外延之别。谓'白马是马'，乃从其外延论。谓'白马非马'，乃转从其内包论。犹之谓人非畜生、圣贤非普通人、父母非恒常之长辈，断非诡辩可知。西方人专从名词之外延建立起他们的逻辑来，遂兴起了种种推论。公孙龙乃从名之内包言，一名止于一实，无可推。一止一推，一重在内，一重在外，此处正是中西文化思想一相歧点，不得厚彼薄此。"（1998:257-258）

　　熟悉中国、印度、希腊"三个不同的逻辑传统"，对墨家逻辑和中国逻辑有精深研究的沈有鼎的态度更为明朗。他说，"现在恐怕还有主张中国一向无逻辑学的人，其实这和主张中国一向无科学是同样的荒谬"，认为"企图证明中国没有逻辑学，或者说中国人的思维遵循着一种从人类学术康庄大道游离出来的特殊逻辑"是一种谬见（1992:222,377）。

　　以上两种截然相反的观点说到底源于对"逻辑"一词的不同理解。金岳霖区分了逻辑与逻辑系统这两个概念，他对两者关系的论述有助于我们正确认识中国逻辑特殊性和普遍性的关系。他说："逻辑与逻辑系统是两件事。逻辑无二，而逻辑系统不一。"（1987:34）"事实上虽有不同的逻辑系统，理论上没有不同的逻辑。""逻辑是逻辑系统的'义'，逻辑系统是逻辑的'词'。""不同的逻辑系统是不同的系统，不是不同的逻辑；是不同的'词'，不是不同的'义'；是不同的工具，不是不同的对象。""逻辑是逻辑系统所要表示的实质，逻辑系统是表示逻辑的工具。对于逻辑系统，逻辑可以说是'type'，或者暂名之为'义'；对于逻辑，逻辑系统可以说'token'，或者暂名之曰'同'。""所谓'type'有似'美金一元'，所谓'token'有似美国的银元，或美金一元的钞票。逻辑与逻辑系统的关系有似前者与后者的关系。"（1995:609,611,619,620）他又认为："无论哪种方式，认识都不能逃避逻辑。它可能包含不同的逻辑种类或不同的逻辑系统，但是没有某种逻辑或某个逻辑系统，认识就不能发展。"（1990:459）

　　借用金岳霖先生的术语，我们不妨说，逻辑为人类共同遵守，而逻辑系统则与文化相关，不同的文化会孕育出不同的逻辑系统。这样的论述应该说是公允的，是符合人类文明共性与个性并存的基本事实的。异中见同，对比因而有了共同基础；同中见异，对比从而有了实质内容。

2.2.3　语言世界观与逻辑文化观的融通

这里的融通，是指两者相互兼容不抵牾。语言世界观与逻辑文化观为何能够融通而共存？这是因为两者说到底都认同哲学上的相对主义（relativism）立场。相对主义认为，经由文化中介的经验与兴趣在人类的认知运作中起着关键和决定性的作用。与此相反，普适理性主义（universalist rationalism）则强调内在的生物学上和心理学上的决定论（Foley，1997：169）。

相对主义立场促使人们对事物的多样性给予更多的关注。语言学研究也是如此。语言学者向来关注语言的多样性，但是由于理论进路和学者自身的研究兴趣不同，考察语言之间的目标和方法也会有很大不同。诸如乔姆斯基等生成语法学家致力于通过少数基本原则（general principles）来解释跨语言的音系、形态和句法之间的差异。在描述语言之间差异的过程中，他们往往忽略同一种语言内部的差异。他们的研究策略是假设统一言语社团是均质的而非多样的。社会语言学家对这种研究策略持批评态度，选择了相反的路线，即从实际观察出发，设计系统考察语言的变异及其与情景因素的相互关系。语言人类学家对类似问题也一直关注，但是他们同时也面对语言与思维的关系或者说"语言相对性假设"（linguistic relativity hypothesis）这一复杂问题（Duranti，1997：51）。Duranti（1997：83）进一步论断，语言人类学家与社会语言学家均认同的假设是：语言变异是通则而非例外。结合文化来研究语言，意味着文化范畴可以在语言中得到反映，或者语言上的分类足以引导塑造使用该语言的人们的世界观。

在语言世界观和逻辑文化观融通的理论背景下，我们更容易接受这样的观点：逻辑规律的语言表达具有民族性。沈有鼎在《墨经的逻辑学》一书的结论中指出："人类思维的逻辑规律和逻辑形式是没有民族性也没有阶级性的。但作为思维的直接现实的有声语言则虽没有阶级性，却是有民族性的。中国语言的特性就制约着人类共同具有的思维规律和形式在中国语言中所取得的表现方式的特质，这又不可避免地影响到逻辑学在中国的发展，使其在表达方面具有一定的民族形式。"（1982：90）换言之，形式逻辑必须在自然语言中运作和体现，而且在不同语言中的运作和体现机制也会显示出不可忽略的差异。顺着这样的思路，我们也就不难理解赵元任在《汉语逻辑如何运作》（"How Chinese Logic Operates"）一文中的如下论述了："汉语逻辑也采用了肯定和否定、特称与全称、直言结论和假言蕴涵等运作方式，这与其他文化的逻辑并无二致。但与众不同的是，它当然应在汉语自身的法度内灵活运作。故此，尽

管我们希望认识汉语逻辑的运作方式,结果发现的可能却是逻辑在汉语中的运作方式。"(Chao,1959:1)

2.3　从语言与逻辑到自然语言逻辑

2.3.1　语言与逻辑的关系

　　析取关系来源于命题逻辑,而本书致力探讨析取关系在英汉语中的表现法,因此势必要讨论语言与逻辑的关系。

　　关于语言与逻辑之间的关系,沈家煊有一句简洁明快的论述:"语言表达不同于逻辑而又不悖于逻辑。"(2011:121)"语言表达不同于逻辑",用熊学亮的话来说,就是"形式逻辑是对必然内容和必然逻辑规约的抽象,语言使用是具体情况具体分析,因此两者的差异是非常明显的"(2007:15)。形式逻辑与语言使用虽然有密切的联系,但它们仍然是两门具有不同性质的学科。"传统的语法学研究自然语言中语词、短语和语句结构的规则和规律。逻辑只研究应用自然语言或人工语言来表达的命题形式和推理形式的逻辑性质。"(中国大百科全书总编辑委员会《哲学》编辑委员会等,1987:534)

　　然而,"形式逻辑说到底仍然是研究人类思维推理规律的学问,而思维推理又与语言运用密不可分"(蒋严,2002:19)。在中外学术史上,以推理形式为主要研究对象的逻辑与研究自然语言的规则和规律的语法学,两者作为相邻学科的相互联系是十分密切的,这是因为"思维形式总是应用语言表达的,特别在逻辑发展的早期总是应用自然语言表达的"(中国大百科全书总编辑委员会《哲学》编辑委员会等,1987:534)。另外,由于逻辑是一门以推理形式为主要研究对象的科学,虽然"逻辑不研究语言,而只研究推理的有效性,主要考虑逻辑常项的性质及其相互之间的关系。但是由于逻辑常项是从自然语言中抽象出来的,因此学习逻辑,可以使我们从一个不同的角度看待语言,分析语言,从而获得一种看待语言的新的眼界和视角"(王路,2004:7)。以上可以说是"语言表达不悖于逻辑"的缘由所在。

2.3.2　自然语言逻辑

将语言和逻辑熔为一炉,合而冶之,这成了新兴学科自然语言逻辑的主要内容。自然语言逻辑,也常被称为语言逻辑(the logic of natural language)(Strawson,1952;王维贤等,1989)或者自然逻辑(natural logic)(Lakoff,1970:151-271;Halliday & Matthiessen,1999:104)。本书采用自然语言逻辑的说法,主要是考虑到要与人工语言相区别。

20世纪50年代中期开始,美国语言学家乔姆斯基应用一些数理逻辑的方法来研究自然语言的语法,逻辑学家理查德·蒙塔古(Richard Montague)则应用形式系统的方法来研究自然语言的语义和语法。1970年,乔治·莱考夫(George Lakoff)曾撰长文《语言学和自然逻辑》("Linguistic and Natural Logic"),明确提出建立自然语言逻辑的设想,他认为,"自然逻辑是为自然语言建立的逻辑,其目的在于表达所有可以用自然语言表达的概念,刻画出所有可以用自然语言作出的有效推理的特征,并且将它们与所有自然语言的适当的语言描写相配合"(转引自王维贤等,1989:52)。反观国内,当代的汉语逻辑研究发端于20世纪60年代。逻辑学家周礼全在1961年5月26日的《光明日报》上发表了一篇颇有影响力的论文《形式逻辑应尝试研究自然语言的具体意义》,论述了形式逻辑研究自然语言的必要性和方法,唤起了人们对于自然语言逻辑的关注。现在有不少人从事自然语言逻辑的研究,出现了许多关于命令句逻辑、问句逻辑和语用逻辑的理论和体系(中国大百科全书总编辑委员会《哲学》编辑委员会等,1987:544)。

根据王维贤等(1989:568-571)的看法,自然语言逻辑内部又可以有三个不同的研究方向,从而体现三种不同的语言逻辑,即逻辑语言学、语言逻辑学和语言-逻辑学(或语言学-逻辑学)。具体的相关文献梳理已超出本书的讨论范围,此处不赘。不过,本书的研究取向可以说是王维贤等所区分的逻辑语言学,即从逻辑出发来研究语言。在下一节中,我们将探讨命题逻辑中所关注的真值对语言意义问题的揭示。

2.4　逻辑真值及其对自然语言意义的揭示

2.4.1　真值的符合论判断与析取支的相容性

由于逻辑像任何一门科学那样以探索真理（truth）[①]为使命（Quine,1959：xi），逻辑中许多演算（主要是命题演算和谓词演算）都要跟真值发生关系，同时对真的看法也将会影响下文中我们对析取支相容性的探讨，所以这里先表明本书对真的看法。

命题逻辑，作为形式逻辑的基本组成部分之一，"只从真假值的角度，研究各种思维形式之间的真假关系"（金岳霖，1979：10）。这个真假值的载体（truth-bearer）就是命题。命题真值的判断，涉及对真的看法。按照《逻辑哲学》（*Philosophy of Logics*）一书中的概括，真的理论可分为融贯论（coherence theory of truth）、符合论（correspondence theory of truth）、实用论（pragmatist theory of truth）、语义论（semantic theory of truth）和冗余论（redundancy theory of truth）（Haack,1978：86-88）。它们的历史演变脉络可以图 2 表示。

由于语言与逻辑都跟现实有紧密的关联，我们认同符合论的真值观。根据这种看法，一个命题是否为真，不依赖于命题之间的融贯关系，而认为真存在于命题与世界的关系中，即主要看命题是否与经验世界中的事实相符。这种真值观把命题与现实世界联系起来，对人类探求外部世界、建构人类知识体系具有积极的意义。

从符合论真值观角度加以判断一个命题是否为真，有助于将命题与现实世界联系起来。而命题可以经由自然语言来表达，语言说到底又是反映现实世界的，真值的符合论判断就将语言和逻辑维系在一起了。这样，析取命题中两个析取支之间是否相容就有了判断依据。当 p 析取 q 时，如果 p 和 q 在现

[①] 陆丙甫认为，"英语的 truth，我们通常翻译成'真理'，其实 truth 的基本意义、核心意义是'真相'。……照我看来，英语中 truth 翻译成'真理'的情况，十有八九是应该改成'真相'的。误译的结果导致'真理'一词在现代汉语中的使用率大大超过'真相'，助长了一种凡事价值判断挂帅而轻视乃至藐视事实真相的政治文化氛围。而其实，'真相'往往比'真理'更重要，因为弄清真相是获得真理（正确认识）的前提"（2009：6）。石国进和鲁本录（2009：48）则认为，西方人说的"truth"的本意乃是"真的"的意思，用"真"可以大致对译"truth"，毕竟离这个词的意思最近而且基本上不会造成曲解。

实世界中可以同时为真,那么我们说 p 和 q 是相容的;如果 p 和 q 在现实世界中不能同时为真,那么我们说 p 和 q 是不相容的。值得注意的是,判断两个析取支是否相容,其判断标准的实质在于两个支命题的真值能否同时取得真而非假。这一点非常重要,会影响到下文语料分析时的某些论断。

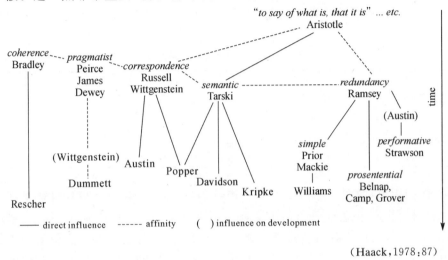

（Haack,1978:87）

图 2　关于"真"的理论的演变脉络

2.4.2　命题真值对自然语言意义的刻画

詹斯·奥尔伍德(Jens Allwood)等在《语言学中的逻辑》(*Logic in Linguistics*)中说:

> 本来,逻辑学被看作是研究自然语言的逻辑性质的一种工具。人们希望通过把自然语言中的论证翻译成命题演算,以便在一种更明晰的形式下获得这个论证,从而可以更容易地看到它们是否有效。不管实现这样的翻译多么困难,带有模糊和歧义的自然语言必须把它转化为一种多少有点任意选择的无歧义的形式表达系统。因为这种系统在其他方面被认为是很大的进步,逻辑就变得越来越脱离自然语言的研究。我们到现在为止还未发现怎样才能最好地研究语句之间的非真值函项的关系并使之形式化。(奥尔伍德等,2009:33)

因为命题逻辑常常只关注命题的真值,对实际语言中的其他丰富意义往往视而不见,所以命题逻辑经常被人诟病为表达力不强,不能用来描写自然语言运用中的丰富内容。

Halliday 和 **Matthiessen**(1999:104-105)在《通过意义识解经验——基于

语言研究认知》（*Construing Experience Through Meaning*：*A Language-Based Approach to Cognition*）的"序列"这一章中讨论了自然逻辑和命题逻辑的差别。在他们的理论视野中，小句复合体（clause complex）被称为序列（sequence）。序列可以说组成了与命题逻辑对等的"自然逻辑"，两个系统均从因果、条件等关系的推理中演化或设计而来。他们将两者做了排列对比（表 8）。

表 8　命题逻辑与自然逻辑对照

命题逻辑（propositional logic）	自然逻辑（natural logic）
p & q	p and q
p ∨ q	p or q
p→q	p so q；if p then q

他们指出，两者并非翻译的对等物，比如：实质蕴涵（p→q）有时在日常语言中显得很奇怪；逻辑中的析取关心是否相容，而自然析取则是不做承诺的（non-committal）。命题逻辑是一套设计出来的系统，它常常以真值函项来编码和定义真值演算关系。与此不同，序列关系是演化而来的，关系类型之间常常有灰色地带。命题逻辑与序列的自然逻辑之间还有另一个重要区别。命题逻辑只有少数几个真值联结词，而语言中的序列关系则有很多投射和扩展的小类。其区别如表 9 所示。

表 9　序列的自然逻辑与命题逻辑对照

序列的自然逻辑 （natural logic of sequences）			命题逻辑 （propositional logic）
投射 （projection）	说（say）		—
	想（think）		—
扩展 （expansion）	重申（阐述）[reiterate （elaboration）]		
	添加（扩展） [add（extension）]	添加（addition）	合取（conjunction）
		交替（alternation）	析取（disjunction）
		替代（replacement）	
	限定（提升）[qualify （enhancement）]	时间（time）	—
		地点（space）	—

续表

序列的自然逻辑 （natural logic of sequences）			命题逻辑 （propositional logic）
扩展 （expansion）	限定（提升）［qualify （enhancement）］	原因-条件（cause-condition）	
		理由（reason）	—
		目的（purpose）	—
		让步（concession）	—
		条件（condition）	蕴涵（implication）
	方式（manner）		—
	…		

的确，命题逻辑中的真值联结词的应用目的是非常有限的，它们只有真假之类的真值可言，主要用于演绎推理。而自然语言中的序列关系则更加复杂并且丰富。

美国汉学家陈汉生曾评论说："作为西方逻辑而知名的系统，不是任何特殊的西方语言逻辑，其本身乃是一种'人工'语言。这种语言的有效推理式并不是与任何一种特殊的自然语言相联系。"（1998：20）这种"人工"语言正因为"对于事实毫无表示，逻辑命题才能无往而不真"（金岳霖，1983：408），因而显示出其重要作用。具体而言，"一阶逻辑的语言完全是人工语言。它的每一个符号与其意义都是一一对应的，因此不会有歧义。利用这样的语言，我们可以完全消除自然语言的歧义，非常精确地表达我们想要表达的东西"（王路，2004：216）。

就析取关系而言，逻辑不甚关心自然语言表达中的语序、语气等因素，只将其抽象为真值关系。但正是因为语序、语气等因素被排除在外，逻辑规律才得以有了普适性。"逻辑学词汇的单一性、精确性以及它的形式化的特征，为精确地分析语言中的关联词语，分析复句中小句之间的逻辑语义关系，提供了有力的工具。"（王维贤，2007：88）

2.5　命题联结词、关联词语与析取关系标记

本节主要讨论命题联结词与关联词语的区别与联系，并在此基础上提出本研究采用"析取关系标记"这一名称的理由。

命题联结词是命题逻辑的核心内容，命题联结词反映的是复合命题中两

个支命题之间的真值演算关系。关联词语在语言学中一般用来指称在复句内部各分句之间起关联作用,并表示一定语义关系的词语(徐阳春,2002:6)。关联词语是连接词语、短语或者小句的连接性成分,在词性上主要是连词,也包括一些连接性的副词,还可以是其他类别的词,在语法单位上可以是词,也可以是短语。

　　命题联结词和关联词语这两个概念既有联系又有区别。两者的联系主要体现在复合命题与复句的密切关系上,因为在自然语言中复合命题主要借用复句的形式来表达。传统逻辑讲选言命题,讲假言命题,讲充分条件命题,讲必要条件命题,讲充要条件命题,都同语言的关联词语有关,现代逻辑讲的逻辑联结词∧(合取)、∨(析取)和→(蕴涵)无一不与语言的关联词语有关。关联词语的作用正像这些逻辑联结词一样,是表示命题(判断,句子)之间的逻辑语义关系的(王维贤,2007:88)。

　　两者的区别在于,语言中的关联词语要比逻辑中的命题联结词在数量上和所表示的语义关系类型上都要复杂得多。这主要表现在:

　　第一,命题联结词所连接的支命题在语义上并不一定相关,而关联词语所连接的分句一般要求在语义上相关,否则会令人费解。

　　第二,不同的关联词语在不同语境中常常可以用同一命题联结词来表示,而不同的命题联结词有时又可以体现于相同的关联词语。

　　第三,命题联结词与关联词语的隐现存在方式不同。命题联结词在命题逻辑中必须是显化的,如果删除命题联结词,两个支命题之间的关系就无法说明。而关联词语在自然语言中可以是隐性存在的,也就是说意思之间的关系可以借助其他形式来呈现。

　　就命题联结词中的析取词而言,析取词所刻画的支命题之间的真值演算关系,一旦体现在自然语言中或者通过自然语言来表达,就成了析取关系。析取关系在语言形式上往往有所体现,我们把所体现的形式称为"析取关系标记"。出于我们的研究目的,在本研究中我们有意避免采用"关联词语"的说法,代之以"析取关系标记"(disjunctive marker)的名称。两者所指的范围虽然有很多重合,但是采用这一名称,有利于避免词类争议的干扰,淡化复句的范围限制,将讨论集中到析取关系的语言表达上来。

　　在讨论析取词和析取关系标记时,我们还不得不考虑命题逻辑与自然语言的实际区别。有些语句以传统的眼光看不表示命题,例如疑问句不被认为是命题。并列主语共享同一个谓语的句子也不能等同于将主语拆开来看,例如赵元任(Chao,1968:107)说:"四书五经没全念完"这个命题不等于"四书没全念完"和"五经没全念完"这两个命题的合取。Jennings 和 Hartline(2016)说:英语中的"or"与其他语言中的"or"对等词一样并非总是表示析取关系的,即使当"or"连接陈述句的时候,也并非总是表示析取关系。

　　凡此种种差别,如何处理? 赵元任在《汉语逻辑是如何运作的》一文中的以下论述有助于我们做出选择。他说:"Thus, while aiming at finding out how Chinese logic operates, we shall probably end up with finding out how logic operates in Chinese."(尽管我们希望认识汉语逻辑的运作方式,结果发现的可能却是逻辑在汉语中的运作方式。)(Chao,1959:1)在这段话中,赵元任使用了"汉语逻辑"(Chinese logic)这样的字眼,实际上反映出他对自然语言逻辑的提法的认同,同时提示我们在对比研究英汉析取关系表达法的时候,不可过于拘泥于命题逻辑中的真值演算关系的认定而忽略自然语词本身的意义以及丰富的实际使用情况。

　　正如著名语言学家和人类学家萨丕尔(Sapir,2002:101)在其名著《语言论:言语研究导论》(*Language: An Introduction to the Study of Speech*)中所说的,汉语和土耳其语一样都有着清醒逻辑(sober logic,思路清晰而符合逻辑)。我们不能因为汉语中实际存在的逻辑形式没有探索清楚,就以形式逻辑的规律来规定和限制我们的讨论范围和视野。在本研究中,为了探讨与析取关系有关的各种情况,我们假定,自然语言中的任何句子均可以通过命题加上语气、语序等种种条件加以表示。我们认同 Brinton 和 Brinton(2010:295)的看法,认为命题是小句的语义内容减去句法结构和交际语力(the semantic content of a clause minus any particular syntactic structure as well as its intended communicative force)。以[Harriet call the doctor]这个命题为例,它的语言形式可以是以下各种表达方式:

a) Did Harriet call the doctor?

b) Will Harriet call the doctor?

c) Harriet called the doctor.

d) For Harriet to call the doctor

e) Harriet's calling the doctor

f) It was Harriet who called the doctor.

g) It was the doctor whom Harriet called.

h) The one who called the doctor was Harriet.

也就是说,命题可以出现在各种各样的定式和非定式的句型中,也可以出现在不同信息焦点的话语中。要注意的是,命题本身缺乏时、体、情态和一致性等自然语言中常见的标记系统。

总之,我们不作茧自缚,预先把种种自然语言中严格说来不表示析取关系的语词排除在外。也就是说,只要这些语词在形式上或意义上与析取关系有关联,我们就将其列入我们的考察范围,尽量向更多的可能性敞开。

2.6 小 结

在本章中,我们主要探讨了析取关系表达法的对比基础问题。首先我们把析取关系确认为关系范畴之一,由于关系范畴是人类语言中一个重要的语义功能范畴,析取关系因而也可被看作语义功能范畴。要对比析取关系,势必涉及语言和逻辑的多样性问题,为此我们讨论了我们所持的语言世界观和逻辑文化观问题。在语言与逻辑的关系问题上,我们简要讨论了自然语言逻辑。具体到析取关系这一层面,我们认同以符合论来判断命题真值,并简要讨论了命题真值与析取支相容性的关系,以及命题真值对自然语言意义刻画的作用。最后,我们在梳理命题联结词和关联词语的联系与区别的基础上,讨论了本研究所关注的析取关系标记。

第 3 章　语料库的建设与检索

　　如果说第 1 章中主要讨论了"为何对比"和"对比什么",那么第 2 章可以说是着重讨论了"能否对比"。本章试图回答"怎样对比"的问题,即讨论具体的研究设计,包括所采用的语料类型和研究方法。语料处理的方式体现了所采用的研究方法,因此本章以语料类型为线索,在讨论对语料的不同处理的过程中介绍我们的思路与方法。

3.1　对比语言材料的类型

　　在语言中,意义总要借助形式来表达。这一形式包括语素、词语、短语、句子、段落、篇章等各个层级的语言单位,也包括各种语法结构,而形式总是体现在具体的语言运用实例即语言材料中。因此,用什么样的语言材料来进行语言分析,是语言对比研究和一般语言研究都要回答的问题。

　　根据许余龙(2010a:34-37)的讨论,可以作为语言分析依据的语言材料,按其性质可以分为两大类:一类是从语言实际使用中搜集来的实例语料(corpus-based data),另一类是通过诱导本族语使用者运用自己的语感而得来的内省语料(intuition-based data)。内省语料又可细分为自我内省语料和实验内省语料两小类。其中实验内省语料是指通过实验的方法,由其他本族语使用者即通常所谓"不谙语言学的"(linguistically naïve)本族语使用者所提供的内省语料。具体到语言对比研究,对比语言材料还有其本身的一些特点。根据许余龙的讨论,用于语言对比目的的语言材料类型可以用表 10 来概括。

表 10　对比语言材料的类型

原始语言材料	实例语料/对比语料库	翻译对等语料库/平行语料库	单向翻译对等语料库	
			双向翻译对等语料库	
		语域对应语料库		
	内省语料	非双语使用者	同时采用自我内省语料和实验内省语料	
		双语使用者	双语翻译对应内省语料	自我对比内省语料
				实验对比内省语料
辅助对比语言材料	现有的对两种语言的分析研究			

　　对照表 10,出于本研究的目的,同时由于研究者本人并非双语使用者,本研究拟倚重实例语料,采用双向翻译对等语料库。用于语言对比研究的翻译对等语料库又称平行语料库(parallel corpus),因此双向翻译对等语料库可被称为双向平行语料库。下面简述理由。

　　采用语料库而非内省语料,一个朴素的理由是,语言研究者的语言直觉和内省很多时候并不可靠,穷尽性的实例语料统计结果常常会揭示与我们的直觉有差异的语言事实。

　　我们采用双向平行语料库,是因为一般来说它更能反映两种语言的实际使用情况,可以提高语料反映语言事实的可靠程度。平行,是指采用翻译对等的语料,这可以在相当大的程度上保证表达意念的对等性,增强语义内容的对应性。双向,则在一定程度上弥补了把翻译语言当作原创语言的不足。原因在于,平行语料库是建立在语用翻译对等基础上的,而语用翻译对等或多或少要受形式翻译对等和语义翻译对等的约束,因此如果语料库中只包括一种语言的译文,那么这种译文语言并不能充分反映该语言本身的实际使用情况(许余龙,2010a:36)。

　　一般说来,语料库都是为服务于某种研究目的而建设的。语料库的语料选择、库容大小、标注方法等方面都要受到研究目的的影响和限制。要满足我们特定的研究目的,似乎没有现成的语料库可以利用,充其量只有一些也许可资利用的生语料。因此,我们决定自行建设能满足自己研究需要的英汉双向平行语料库。我们的语料库建设总体思路是分三步走,先建设英汉双向平行语料库,然后在此基础上建成析取关系英汉平行句对库,最后在语料库中检索并扩展检索。

3.2 英汉双向平行语料库建设

3.2.1 优先建库的缘由

在建设析取关系英汉平行句对库之前，为什么要优先建成英汉双向平行语料库？我们的回答是：英汉双向平行语料库是将全部语料录入，强调语料的完整性，而析取关系英汉平行句对库则仅将含有析取关系的句对录入，注重的不是语料所处篇章的完整性，而是含有析取关系的句子的对译性。先行建成前者，有利于通过检索前者完成后者的部分建设工作。同时，句对库中还要涉及诸多信息的标注工作。将两个库的实际工作分开来做，分步骤执行，有助于提高建库的效率和质量。

3.2.2 语料来源

我们建库的主要语料来源是：汉译英方向，采用老舍的《骆驼祥子》及著名汉学家葛浩文的最新译本；英译汉方向，采用刘易斯·卡罗尔（Lewis Carroll）的 *Alice's Adventures in Wonderland* 及赵元任的经典汉译本。按照原创和翻译的区分，语料来源列于表 11。

表 11 英汉双向平行语料库的语料构成

	英语语料	汉语语料
原创	*Alice's Adventures in Wonderland*（刘易斯·卡罗尔著）	《阿丽思漫游奇境记》（赵元任译）
翻译	*Rickshaw Boy*（葛浩文译）	《骆驼祥子》（老舍著）

我们选择这样的语料来源，是经过慎重考虑的。

首先，我们之所以选择小说而非其他文体，是因为小说里的话语主要是叙述性话语，作者创作和译者翻译的时候，他们的逻辑推理意识是隐性并自然地存在的。而议论性的文体强调语句之间的逻辑性，不难想象，在这种文体中作者和译者的逻辑意识会被大大激发，甚至被刻意使用。这一推断已得到 Biber 等（1999：81-85）的研究的证实。他们借助大型语料库统计后发现，"or"和"either… or …"在学术性文体（academic prose）中比在会话、小说或新闻中都要更为常见。相关数据见图 3 和图 4。

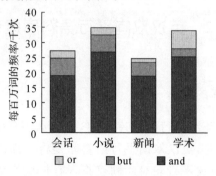

（Biber，et al.，1999：81）

图 3　并列连词在不同语体中的分布情况

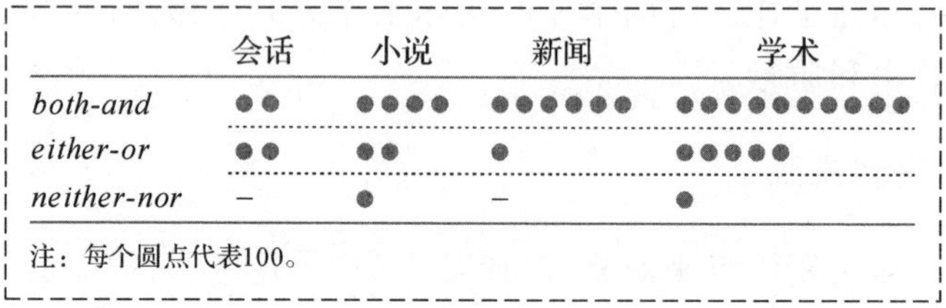

	会话	小说	新闻	学术
both-and	●●	●●●●	●●●●●●	●●●●●●●●
either-or	●●	●●	●	●●●●
neither-nor	－	●	－	●

注：每个圆点代表100。

（Biber，et al.，1999：84）

图 4　关联性并列连词在不同语体中的分布情况

　　作者或译者的逻辑意识一旦被激发加强，自然就要在语言上体现出来。这时，自然语言与形式逻辑之间的差异会在相当大的程度上被遮蔽。这显然不利于我们探讨自然状态下的英汉语中析取关系表达法，更不利于发现英汉语在表达上的不同之处。

　　其次，我们采用名作名译，是为了保证语料的质量，提高译文在目标语中的代表性。《骆驼祥子》是中国现代白话文小说的经典作品，是我国现代著名作家老舍的长篇小说代表作。这部小说是老舍语言艺术成熟期的作品，采用"以北京话为基础的俗白、凝练、纯净的语言"（温儒敏，1998：90），既保留了民间口语的活泼生动，又具有艺术语言的简洁明快、精警醇厚。"老舍创作的成功，标志着我国现代小说（主要是长篇小说）在民族化与个性化的追求中所取得的巨大突破。"（温儒敏，1998：90）该小说曾先后被译成十几种外文，同时也是中国现代小说英译史上为数不多的同时拥有四个英译本的一部小说。

　　我们选择著名汉学家葛浩文的最新英译本，是因为前三个译本都存在一些不足。最早的译本是"改了一个喜剧性的结局，完全歪曲了原著"，第二个译

者"不知道文学作品的好坏,英文的把握也很有问题",第三个英译本"依据的
是老舍根据政治需要改过的版本,又是照字面翻译,没了老舍作品的味儿"。
(季进,2009:50)另外,葛浩文是诺贝尔文学奖获得者莫言大部分作品的英译
者,他的英译作品对莫言作品在西方英语世界的接受起了很大的促进作用,因
此他的英译本质量值得信赖。

刘易斯·卡罗尔创作的 *Alice's Adventures in Wonderland* 这部小说是
世界闻名的经典童话,自出版以来已经被翻译成至少 125 种语言,在全世界风
行不衰。在国内,这部作品也被不断重译,汉译本数量非常多。排除一些商业
意味非常浓厚的抄袭或劣译,除了节译、编译之外,值得参考的译本也有 10 多
种。我们选择赵元任的译本,不仅因为译者是世界闻名的语言学家,这一译本
的质量是国内公认的经典译本,还因为我们的研究问题之一,即"不 p 就 q"或
"不是 p 就是 q"是汉语中最常见的析取关系表达方式正是赵元任提出的。

我们选取《骆驼祥子》和 *Alice's Adventures in Wonderland* 作为语料来
源,还因为前者是现实主义小说,后者是童话小说。现实主义小说中人物情节
的选择性也许会比较小,而童话小说借助想象可赋予作品以极大的张力,两者
在想象空间上可能会形成显著对比。而想象空间的大小可能会对析取关系表
达法有一定的影响,毕竟析取关系与可能性存在紧密的联系,两个析取支必须
都存在一定的可能性,否则析取关系无从谈起。

除此之外,为了满足讨论的需要,我们还分别为《骆驼祥子》和 *Alice's
Adventures in Wonderland* 两部小说收集了更多的译本,具体译本的书目信
息请参看目录前的"语料来源"。由于研究者精力和时间均有限,这些译本仅
仅列入英汉双向平行语料库,以备扩展检索。努力收集参考一文多译,其目的
是为了减少译者风格对译文内容处理的影响,尽可能消除译者痕迹的负面影
响,同时也是为了保证对同一内容不同翻译处理的多样性。译者痕迹,是指留
在文本中的一系列语言和非语言的个性特征(Baker,2000:245)。译者痕迹
是导致翻译语言不同于原创语言的不可忽视的重要因素。从这一点上讲,一
文多译,显得尤为必要。

3.2.3 语料库容

根据统计,表 12 列出了建成后的平行语料库的容量。

表 12 平行语料库中原创文本和翻译文本的容量

	英语 （单位：单词）	汉语 （单位：汉字）
原创	26625 个	134051 个
翻译	94252 个	47587 个
合计	120877 个	181638 个

根据表 12 中的数字，我们可以看出英语单词与汉字在对译过程中的合计数量比约是 1∶1.50。从英语方面来说，原创语言文本和翻译语言文本加起来，共 12 万余个单词。从汉语方面来说，原创语言文本和翻译语言文本加起来，共 18.1 万余个汉字。虽然还会有一些译本列入我们的扩展检索范围，但是就析取关系英汉平行句对库所依赖的这一英汉双向平行语料库的容量而言，这应该说只能算是小型的语料库。毫无疑问，库容越大，所挖掘的语言规律越有说服力，同时也就需要耗费更多的人力和物力。限于精力和时间，我们只能建设这样小规模的语料库，更大规模的语料库建设只能等待将来去做。

不过，正因为所建的语料库容量不是很大，我们可以提高语料的考察仔细程度，更好地理解语言材料，对所要考察的语言现象加以穷尽性的描写。

3.2.4 建库工具

建设英汉双向平行语料库的过程，可以分为创建电子文本和英汉双语对齐两个步骤。在创建电子文本的过程中，我们将原书扫描后，借助 ABBYY FineReader v11.0 对所扫描的图片进行 OCR 识别，然后校对。在英汉双语对齐过程中，我们借助 Beyond Compare v3.3.7 和 Microsoft Excel 2010 软件进行对齐。

3.2.5 对齐层面

平行语料库建设的关键在于双语对齐。由于我们的语料是翻译对等的语料，双语对译过程中经常会出现跨句跨段拆分合并的现象，我们决定把对齐设置在段落层面。这样的处理，既能在一定程度上减轻句子切分和对齐过程中遇到的种种困难，又能为提取包含析取关系的句子提供语境参考的便利。

段落对齐时，我们以原文为参照对译文的段落切分进行标注。如果原文是一段，译文中出现两段，则将译文的两段合在一起，段落之间用"||"这个符号隔开，如表 13 所示。

表 13　分译段落对齐示例

原文	译文
车口上的几辆车没有人答碴儿，大家有的看着那两辆车淡而不厌的微笑，有的叼着小烟袋坐着，连头也不抬。那两辆车还继续的喊："都哑巴了？清华！"	None of the men at the rickshaw stand replied. Some smirked；others sat on their rickshaws smoking pipes without looking up.‖"Are you all mutes？" the man shouted. "Tsinghua！"

　　如果译文将原文的几段合译，则将译文拆开，拆开处以"＞＜"标识，如表 14 所示。

表 14　合译段落对齐示例

原文	译文
'I beg your pardon！' said the Mouse，frowning，but very politely. 'Did you speak？'	那老鼠皱着眉头子却是客客气气地说道，"你说话来着！"＞＜
'Not I！' said the Lory hastily.	那鹦哥连忙赖道，"没有，我没有！"

3.3　析取关系英汉平行句对库建设

　　英汉双向平行语料库的建设只是基础工作，目的是为了能够给析取关系英汉平行句对库的建设提供语料平台和带来采集程序上的便利。

3.3.1　语例辨认的起点

　　要从英汉双向平行语料库中采集含有析取关系的句子，首先遇到的问题是辨认的起点在哪里。

　　要回答这一问题，我们认同 Chesterman（1998:1）在其专著《对比功能分析》（*Contrastive Functional Analysis*）中所指出的做法，即从察觉到的两种或多种语言中某些意义的相似之处（perceived similarities of meaning）出发，进而探寻这些相似或共享的意义在不同语言中的表达方式呈现出怎样的差异。

　　意义总要通过形式来表达。可以说，察觉某些意义的相似之处，就是察觉两种或多种语言中"某些形式在使用中的某种相似之处"（许余龙，2010a：300）。就本研究的对象析取关系而言，我们在辨认析取关系表达法之前，一方面要明白析取关系的基本含义，另一方面则要对英汉语中基本的析取关系表达法有一个最基本的认识。这种认识是初始的,是最低限度的,随着研究的进展会不断丰富,也不排除最终被修正的可能。

根据影响广泛的《英语交际语法》(*A Communicative Grammar of English*)(Leech & Svartvik,2002:143),英语中不能通过主从结构(subordination)表达选择关系(析取关系),书中举出的例子有:

We can (*either*) meet this afternoon, *or* we can discuss the matter at dinner.

Would you like us to have a meeting about the matter this afternoon? *Alternatively* we could discuss it at dinner.

从中可以看出,英语主要借助"or""either … or …""alternatively"等来表达析取关系,同时他们还补充提及了"otherwise""(or) else"等连接性副词。

根据赵元任的研究,汉语里跟"or"相当的词有两个。一个是"还是",相当于选择性的"or"(whether … or …),例如"你在那儿做事还是玩儿?"另一个是"或者",相当于替换性的"or"(either … or …),例如"做事或者玩儿都行"。跟加合关系一样,选择或替换关系也常常用零标记,如:"你吃饭吃面?""吃饭吃面没关系。"前一句可以在中间插入"还是",后一句可以在中间插入"还是"或"或者"。"还是""或者"都不是单纯的连词,都有副词的作用(赵元任,1979:138)。这段表述可以看作对汉语析取关系表达法的基本认识,也是我们语料辨别采集工作的起点。

此外,在采集入库前,我们还要对最常见的英汉语析取关系标记的各种义项有一个基本认识。英语中最常见的析取关系标记无疑是"or"这个单词。要梳理了解"or"的常见义项,查询多本权威的词典并做比较无疑是一种简便而又可靠的做法。

根据《牛津简明英语词典》(*Concise Oxford English Dictionary*)第11版(*COED* 11),作为连词使用的"or"在排除了一个标明"archaic"(古旧)的用法之后,有以下三个义项:

- used to link alternatives;
- introducing a synonym or explanation of a preceding word or phrase;
- otherwise.

可惜的是,该词典不提供例句,此外还专门列出了含有"or"的一个短语:
"or so"(after a quantity) approximately.

查阅《美国传统英语词典》(*The American Heritage Dictionary of the English Language*)第 3 版(*AHDEL* 3),将标明"archaic"的义项排除,现把"or"的其他义项罗列在表 15 中。

表 15　*AHDEL* 3 中"or"的义项说明

义项	例证
1-a. used to indicate an alternative, usually only before the last term of a series	• *hot or cold* • *this, that, or the other*
1-b. used to indicate the second of two alternatives, the first being preceded by *either* or *whether*	• *Your answer is either ingenious or wrong.* • *She didn't know whether to laugh or cry.*
2. used to indicate a synonymous or equivalent expression	• *acrophobia, or fear of great heights*
3. used to indicate uncertainty or indefiniteness	• *two or three*

有趣的是,倒是学习型词典区分了较多的义项,同时提供了比较丰富的例证。下面我们来查看《牛津高阶英语词典》(*Oxford Advanced Learners' Dictionary*)第 8 版(*OALD* 8)和《朗文当代英语词典》(*Longman Dictionary of Contemporary English*)第 4 版(*LDOCE* 4)。

OALD 8 列出了"or"的 7 个义项(表 16)。

表 16　*OALD* 8 中"or"的义项说明

义项	例证
1. used to introduce another possibility	• *Is your sister older or younger than you?* • *Are you coming or not?* • *Is it a boy or a girl?* • *It can be black, white or grey.*
2. used in negative sentences when mentioning two or more things	• *He can't read or write.* • *There are people without homes, jobs or family.*
3. (also or else) used to warn or advise somebody that something bad could happen; otherwise	• *Turn the heat down or it'll burn.*
4. used between two numbers to show approximately how many	• *There were six or seven of us there.*

续表

义项	例证
5. used to introduce a word or phrase that explains or means the same as another	• *geology, or the science of the earth's crust* • *It weighs a kilo, or just over two pounds.*
6. used to say why something must be true	• *He must like her, or he wouldn't keep calling her.*
7. used to introduce a contrasting idea	• *He was lying—or was he?*

整理 *LDOCE* 4 的"or"词条下的各个义项和例句,可以得到表 17。

表 17　*LDOCE* 4 中"or"的义项说明

义项	例证
1. POSSIBILITIES/CHOICES used between two words or phrases to show that either of two things is possible, or used before the last in a list of possibilities or choices	• *Shall we go out to the cinema or stay at home?* • *You can have ham, cheese or tuna.* … **or anything/something spoken** (＝or something of the same kind) • *Would you like a coffee or something?* • *She wasn't involved in drugs or anything like that.* • *Grapes are usually either green or red.* • *He's going to do it whether we like it or not.* • *You must do the job yourself or else employ someone else to do it.*
2. AND NOT used after a negative verb when you mean not one thing and also not another thing	• *He doesn't have a television or a video.* • *Sonia never cleans or even offers to wash the dishes.*
3. AVOIDING BAD RESULT used to say that something bad could happen if someone does not do a particular thing	• *Wear your coat or you'll catch cold.* • *Hurry up or we'll be late.* • *I had to defend myself or else he'd have killed me.* • *You'd better hand over the money, or else* (＝used to threaten someone).
4. CORRECTION used to correct something that you have said or to give more specific information	• *It's going to snow tomorrow, or that's what the forecast says.* • *John picked us up in his car, or rather his dad's car which he'd borrowed.* • *We've cleaned it all up, or at least most of it.*

续表

义项	例证
5. PROOF used to prove that something must be true, by saying that the situation would be different if it was not true	• *He must be at home, or his car wouldn't be here.* • *It's obviously not urgent or else they would have called us straight away.*
6. UNCERTAIN AMOUNTS used to show that you are guessing at an amount or number because you cannot be exact	• *The boy was three or four years of age.* • *I saw Donald leaving a minute or two ago.* • *There's a motel a mile or so down the road（＝about a mile or possibly a little more）.*

我们可以用表 18 来比较总结上述 *OALD* 8 和 *LDOCE* 4 这两本词典对"or"的解释。

表 18　*OALD* 8 和 *LDOCE* 4 中"or"的义项说明比较

词典	列举可能性	连接否定	威胁/建议	解释证明	措辞更新	约量概数
OALD 8	义项 1	义项 2	义项 3	义项 6	义项 5	义项 4
LDOCE 4	义项 1	义项 2	义项 3	义项 5	义项 4	义项 6

从表 18 可以看出,除了 *OALD* 8 的第 7 个义项外,*OALD* 8 和 *LDOCE* 4 对"or"这个连词所列出的所有义项虽然措辞稍有不同,但是义项的区分基本相同。其中,"威胁/建议"和"解释证明"其实都是 *COED* 11 中所说的"otherwise",因为这两个义项有一个共同点,那就是"or"前后的两个析取支往往分别是肯定和否定的。

下面我们再来看看汉语中"或者"的基本义项。《现代汉语词典》第 7 版(2016:595)区分了"或者"的三个义项:①[副]或许:你快走,～还赶得上车。②[连]用在叙述句里,表示选择关系:这本书～你先看,～我先看。③[连]表示等同关系:世界观～宇宙观是人们对整个世界的总的看法。

《现代汉语词典》所指出的"或者"作副词的用法,在英语中"or"的义项里是找不到的。不过,总的来说,词条解释不是很详细。下面,我们再查阅权威的《现代汉语八百词》增订本:

或者

[副]也许;或许。多用于书面。

这个办法对于解决问题～能有帮助|你赶快走,～还能搭上末班车

[连]1.表示选择。有时用一个"或者",有时用"或者…或者…"。

同意～反对|男孩子～女孩子|～放在外面,～放在屋里|～问他～问我都可以

a)下列情况只能用一个"或者"。

连接两个宾语。

问老赵～小张都可以|叫他老杨～杨老大都行

两个成分前共有一个带"的"的修饰语。

数量上的扩大～缩小|指挥的正确～错误|受到表扬的单位～个人

连接两个带"的"的修饰语。

暴躁的～忧郁的性格都不好

b)下列情况一般要用两个"或者"。连接两个小句,主语不同时,"或者"只能在主语前。最后常有表示总结的小句。

～你同意,～你反对,总得表示个态度(＝你～同意,～反对…)|～你来,～我去,都行|～升学,～参加工作,由你自己决定

连接多项成分,可用在每一项成分前,也可只用在最后一项前。

～赞成,～反对,～弃权,你必须选择一项|必须去一个人,你,我,～小程,都行

c)用"无论、不管"后,表示包括所有的情况。

无论城市～乡村,到处都是一片兴旺景象|不管刮风～下雨,他从没缺过勤

2.表示几种交替的情况。连接动词短语。用几个"或者",表示"有的…有的…"。

每天清晨都有许多人在公园里锻炼,～跑步,～打拳,～做操

3.表示等同。

人们对整个世界的总的看法叫做世界观,～宇宙观

[注意] 连接两个单音节宾语时,必须重复动词,才能用"或者"。更简单的说法是不用"或者",直接重复动词。连接多音节宾语不必重复动词。

有事找他[或者]找我都可以(×有事找他～我都可以)|有事找老徐[或者]老刘都可以

(吕叔湘,1999:283-284)

《现代汉语八百词》合用法和语法于一炉而冶之,这个"或者"词条就是一个很好的例证。与《现代汉语词典》的解释相对照,除了一些习惯用法之外,我们注意到三点有趣的信息:第一,"或者"用于"无论、不管"之后,表示包括所有

的情况;第二,"或者"有时表示"有的……有的……";第三,"或者"连接两个宾语时,还跟宾语的音节数量有关。

3.3.2　语例采集和讨论的起始语种

从建成的英汉双向平行语料库中采集含有析取关系的句子,先从哪种语言着手开始采集,这是一个不可回避的问题。

我们主张从汉语出发,接着考察其英译,然后再看英语语料及其汉译。从汉语出发,也就意味着对汉语给予更多的关注。我们这样做,是出于以下几个方面的考虑:

第一,从弱势语言出发,有助于揭示弱势语言的个性,尽可能避免强势语言的影响遮蔽我们的视线。这里的强势弱势是指国际影响力及语言学上的描写成熟度(潘文国,谭慧敏,2006:307)。与强势语言英语相比,汉语显然属于弱势语言。潘文国和谭慧敏(2006:106;307)倡导在对比中强调对弱势语言的个性关注,对比研究中的"少数化"(minorization),即从非英语和弱势语言出发,能更多地发现非英语语言的特色。

第二,命题逻辑虽有普适性,但毕竟起源于使用印欧语言的西方。英语属于印欧语系的语言,既有的绝大多数逻辑思想都源自西方并用英语来表述。若从英语出发,必然会影响我们发现汉语中析取关系的实际表达法。而我们语言理论研究中的一个弊病往往是将印欧语言(特别是其中的英语)的世界观或认识方法"过高地评价为惟一可能的方法"(徐通锵,2005:8-9)。在考察不同的语言结构和其相适应的思维方式时,不能厚此薄彼,把某一种思维方式、某一种理论体系看成唯一的方式和理论。

第三,语言对比研究中,母语的语感非常重要。语料库(尤其是对应语料库)的选材过程通常以建库者的母语语言系统为出发点(Granger,et al.,2003:47)。这不仅是实际情况,也有合理之处,因为建库者的母语语感无疑比建库者的外语语感更加敏锐和准确。叶斯柏森就非常重视语言比较研究中本民族的语感:

> 在比较词汇学中,我们常常可以看到词所表示的事物由于不同语言的不同习性而以不同的方式分类,在一种语言中融为一体的东西在另一种语言中却被区别开来……语法上也是如此,任何两种语言之间的分类及区别都是不同的。因此,在研究一种具体语言的语法时,重要的是尽可能仔细地了解该语言中实际存在的区别,而不是建立一个未经该集团或该民族的语感认可的、实际语言事实不能表现的范畴。(Jespersen,

1924/1951:49)

第四,英语的析取关系标记"or"可以连接词、短语、小句和句子等语言单位,而汉语缺乏这种"通用并列连词"(傅玉,2012:32)。汉语里的复合句多用"意合法"(王力,1984:89),其析取关系表现法更加灵活多样。一旦从英语出发,汉语中特有的析取关系表达法被遗漏的可能性会更大。

3.3.3　识别程序

析取关系英汉平行句对库的建设过程,需要文本搜索和人工认定两方面结合进行。通过简单的搜索来汇集语料是有缺陷的,一方面是因为在研究过程中我们并不知道所要研究的析取关系的全貌,这样做有可能会遗漏重要的语例,另一方面是因为多义词的义项甄别需要人工确定。"还是"等有多种不是讨论范围内的其他用法,其中的一个意思是"仍然",即使检索到含有"还是"的语例,还是需要手工排除。

语料库检索可以对语言形式进行挖掘,对意义的辨别还需要人工干预。要挖掘英汉语中析取关系的各种表达法,在手工辨认(hand-picked)外,对语料的检索不得不借助析取关系标记。从析取关系标记是否表现于语言形式角度来说,析取关系标记在平行语料库中的存在情况无非是表 19 所列的四种情况。

表 19　英汉语中析取关系标记隐性存在和显性存在的四种组合情况

英语	汉语
显性存在	显性存在
显性存在	隐性存在
隐性存在	显性存在
隐性存在	隐性存在

前三种情况均可以检索析取关系标记,再平行检索。而第四种情况则不能借助析取标记,只能人工手检认定。

所要研究的英汉语析取关系表达法并非事先就已经全部知晓的,所知道的只是一些他人的相关论述或知识,语料中所呈现的实际情形有待发现。所以,按怎样的步骤去识别所要研究的析取关系语例的程序,是至关重要的。这个识别程序的好坏,决定了我们能否真正了解实际语料中析取关系表达的全貌。

为表述简洁起见,我们将英汉双向平行语料库和析取关系英汉平行句对库分别简称为"平行库"和"句对库"。我们提出的发现程序按如下步骤执行:

- 第一阶段:

（一）通读汉语原创文本,了解全书

（二）手检确认部分语例

（三）在平行库中搜索"或者""不是……就是……"等,查漏补缺

（四）语例录入句对库

（五）整理汉语析取关系表达法清单

- 第二阶段:

（六）在句对库中搜罗英语翻译文本中的析取关系标记

（七）在平行库中搜索英语译文中的"or",查漏补缺

- 第三阶段:

（八）通读英语原创文本,了解全书

（九）按英语析取关系标记清单搜罗

（十）语例录入句对库

（十一）更新整理英语析取关系标记清单

- 第四阶段:

（十二）在句对库中搜集汉语翻译文本中的析取关系标记

（十三）按更新后的汉语析取关系标记清单在平行库中搜索汉语翻译文本

3.3.4　建库工具

我们借助 ParaConc v1.0.269 进行语料平行检索,同时也利用 PowerGREP v4.4.0 作为语料辅助检索工具,因为该工具支持强大的正则表达式检索功能,同时对英汉语言均有良好的支持。最终析取关系英汉平行句对库在 Microsoft Excel 2010 中建立,以 xlsx 格式保存。选择 Microsoft Excel 2010,是考虑到每条语料一旦落实到单元格,可以借助函数再次生成相关信息,从而得以通过筛选功能按条件快速汇集符合考察目的的语料。

3.3.5　切分对齐的原则

析取关系一般存在于句子层面,有时也存在于几个连续的句子之中。如果按照原始文本中的标明句界的标点,如句号、感叹号、问号等,有时候原文或译文的句子会太长。另外,跨句对译的情况也常常存在。为了缩小考察的范

围,我们不拘泥于原文句子的界限,在保证析取关系所表达的意思完整的情况下,尽可能以精简的方式录入。有时为了保证语料平行,也会将其中一种语言的文本稍加扩展输入。如果一条语料可以在几个维度上分别考察,则将这条语料录入多次并加以标注,确保每一条语料均只有一个考察点。

3.3.6 标注维度

将平行句对入库,首先建立英语和汉语两列,然后增加新列,记录录入顺序、翻译方向、录入类别等信息。其中翻译方向有两个值 EC 和 CE,分别代表英译汉和汉译英。翻译方向这个信息,有助于我们检索语料时区分原创文本和翻译文本。把所有的语例采集入库后,我们以增加新列的方法来标注。所关注的标注维度有:语义类别、汉语析取关系标记、析取标记个数、析取支的语言单位、是否对话、析取支的相容性、析取支的穷尽性、汉语不确定性标记、否定标记共现情况、语气类型(陈述/疑问/祈使/感叹)、英语析取关系标记、对译后析取支的语序变化、英语不确定性标记、是否转换为合取、是否转换为蕴涵。

3.3.7 语料库容

经过穷尽性的手检、录入、检索、补充,最终该句对库的库容达到 613 个句对。每个句对均只出现一个析取关系的表达。如果一个句子中前后紧密嵌套了两个析取关系表达,我们就把它们分别列为两条。因此,这个库容的数量用于统计,是相对比较可靠的。

3.4 语料库检索及扩展检索

我们检索语料库以获取相关的语料时,主要采取的方式是:利用 Microsoft Excel 2010 的筛选功能,根据标注信息和函数公式生成的辅助列进行组合筛选。同时,有时为了查看其他译本的翻译处理情况,我们还需要借助 ParaConcv1.0.269 和 PowerGREP v4.4.0 进行扩展检索,以提取相关的其他版本的译文。

每次筛选汇集所需的语料后,如果条数在个位数,或只有 10 个左右,一般就在正文中悉数列举说明;如果同类例子很多,则在正文中仅举数例讨论,并提供量化数据说明,全部例子列表则在本书附录中给出。

3.5　小　结

本章主要介绍了研究设计与语料库方法，包括语料库建设与检索。从讨论对比语言材料的类型入手，简要陈述了本研究之所以采用英汉双向平行语料库的理由。然后，分三个小节介绍了自建并利用平行语料库的三个步骤，分别是英汉双向平行语料库建设、析取关系英汉平行句对库建设、语料库检索及扩展检索方法。在介绍析取关系英汉平行句对库建设的过程中，我们对语例辨认的起点、语例采集和讨论的起始语种特别做了说明，语例的辨认和采集背后的指导思想实际上也体现了我们的某些研究理念。

第4章 语料考察(上)

——析取关系的概念基础与析取支的相容性

在这一章中,我们首先从表示也许义的"或者"切入,讨论析取关系的概念基础。接着考察析取支的穷尽与相容,侧重讨论如何看待析取支的相容性及其在语言中的体现。后两章在讨论析取关系标记的隐现类型的基础上分类考察汉语析取关系标记显现和隐藏时的英汉对译情况。

4.1 析取关系的概念基础:非现实性、可能性,还是不确定性?

析取在命题逻辑中是由支命题之间的真值关系来定义的。基于析取而定义的析取关系一旦进入丰富多彩的自然语言,将会表达怎样的概念语义?

4.1.1 从汉语中的"或者"谈起

国内逻辑学家常常用"或者"①这个词来代表命题逻辑中的析取词。但是,前文所引述过的《现代汉语词典》第7版和《现代汉语八百词》增订本却都将"或者"的第一个义项列为"也许;或许"。个中缘由,值得深思。

检索我们的析取关系英汉平行句对库,总共检索到20个句对。

先看汉译英语料,"或者"在原创文本中总共出现了7次:

1) 有了这个事实,或者他不至于到快死的时候遭了恶报。②

2) 看看南屋,没有灯光,大概是都睡了;或者还有没收车的。

---

① "或"与"或者"的用法稍有不同。两者在搭配的词语音节数量上有韵律条件限制。此处我们不考虑"或",主要相关情形留到下面的小节中去讨论。

② 例证若不标明出处,原文和译文的出处均与英汉双向平行语料库相同。语料若是由扩展检索而得,一般均以夹注做出说明。

3）假若虎妞是个男子,当然早已成了家,有了小孩,即使自己是个老鳏
夫,<u>或者</u>也就不这么孤苦伶仃的了。

4）他晓得自己的病源在哪里,可是为安慰自己,他以为这大概也许因为
二十多天没拉车,把腿撂生了;跑过几趟来,把腿蹓开,<u>或者</u>也就没
事了。

5）他很想换一份套子,换上土黄或月白色儿的,<u>或者</u>足以减去一点素净
劲儿。

6）祥子遇见过的主人也不算少了,十个倒有九个是能晚给一天工钱,就
晚给一天,表示出顶好是白用人,而且仆人根本是猫狗,<u>或者</u>还不如
猫狗。

7）她们的身上只挂着些破布,肚子盛着一碗或半碗粥,<u>或者</u>还有个六七
个月的胎。

前面五句都作"也许"解,剩下的两句可以有两种解释。第 6 句中的"或
者"可以理解成"措辞更新",当连词用,把它看成副词"也许"也说得通。第 7
句中的"或者"既可以看作连词,标识析取关系,也可以看作副词,表示"也许"
的意思。把它看成是连词,是因为"盛着一碗或半碗粥"与"还有个六七个月的
胎"的主语都是"肚子"。把它看作表示"也许"的副词,也无不可,这时句法上
仍然完整。鉴于这句话中还有一个起衔接作用的"还",此时若把"或者"看作
连词,起衔接作用的词语就有两个了,不免有重复之嫌。因此,也许把此句中
的"或者"当作副词,更为合适。这个例子中的"或者"虽然可以有两种解读,但
正好说明了析取关系往往与"也许,或许"等意思紧密相关。这一点可以从
"perhaps"的汉译中得到证实。查询句对库英语原创文本,包含"perhaps"的
句对共有 8 个,无一例外地都被翻译成"或者":

8）No, it'll never do to ask: <u>perhaps</u> I shall see it written up
somewhere.
不行,这个一定不好意思问人的;<u>或者</u>我会看见在哪儿墙上或是柱上
写着:①

9）'Well, <u>perhaps</u> *your* feelings may be different,' said Alice: 'all I
know is, it would feel very queer to *me*.'

---

① 引用析取关系句对作为例句时,两种语言上下相间排列,原文在上,译文在下。由于是双向平行句对,
所以有的例证英语在上,有的例证汉语在上。

阿丽思道，"那么或者你的感觉许是两样的，在我所知道的，那是我一定会觉得古怪的。"

10）Alice thought she might as well wait，as she had nothing else to do，and perhaps after all it might tell her something worth hearing.

阿丽思想索性等着罢，她又没有别的事情做，或者到底它是有点什么有用的话告诉她听也说不定。

11）'But perhaps he can't help it，' she said to herself；'his eyes are so *very* nearly at the top of his head…

可是她又想道，"或者他不能不这样的；他的眼睛长得多么近头顶上呀……

12）'I've seen hatters before，' she said to herself；'the March Hare will be much the most interesting，and perhaps as this is May it won't be raving mad——at least not so mad as it was in March.'

她对自己说道，"帽匠我曾经看见过，那三月兔一定最是有趣的多，而且或者因为现在是五月，它也许不会这么疯——无论怎么大概没有象三月里那么疯。"

13）'Perhaps not，' Alice cautiously replied；'but I know I have to beat time when I learn music.'

阿丽思答道，"或者没有。可是我知道我学音乐的时候要得拍时候的。"

14）'Not at first，perhaps，' said the Hatter；'but you could keep it to half-past one as long as you liked.'

那帽匠道，"或者先还不饿；可是你可以在一点半上等着，你要等多久就能等多久。"

15）Alice was very glad to find her in such a pleasant temper，and thought to herself that perhaps it was only the pepper that had made her so savage when they met in the kitchen.

阿丽思看见她现在这么和气，倒也喜欢，她自己想她在那厨房里看见她那么野蛮，或者是被些胡椒面儿刺激出来的。

从这些句对中，我们可以看到"或者"确实常常表示"也许"的意思，常常用来对译英文中的"perhaps"。

我们也注意到，在这包含"或者"的 20 个句对中，其中有 4 句同时出现了"也许"或者"大概"。

16) 白等着在那小门那里,似乎没有什么好处,所以她又走回桌子那里,一半也希望再找着一个别的钥匙,不然<u>或者也许</u>找到一本什么书,里头有教人怎么像望远镜似的变小的诀窍:

17) 她对自己说道,"帽匠我曾经看见过,那三月兔一定最是有趣的多,而<u>且或者</u>因为现在是五月,它<u>也许</u>不会这么疯——无论怎么<u>大概</u>没有象三月里那么疯。"

18) 看看南屋,没有灯光,<u>大概</u>是都睡了;<u>或者</u>还有没收车的。

19) 他晓得自己的病源在哪里,可是为安慰自己,他以为这<u>大概也许</u>因为二十多天没拉车,把腿撂生了;跑过几趟来,把腿蹓开,<u>或者</u>也就没事了。

"或者"与"也许""大概"共现于同一个句子中,甚至例句 16)中出现了"或者也许"并列连用的情况。这进一步说明了析取关系与"也许""大概"等语义密切相关。

4.1.2　非现实性

接下来的一个问题是:"也许""大概"这类意思表示的是什么概念? 或者说,析取关系的概念基础是什么?

有一种观点是,析取关系表达的语义是未然性或非现实性(irrealis)的。Mauri(2008b:22)在《交替的非现实性:论析取的类型》("The Irreality of Alternatives:Towards a Typology of Disjunction")一文中认为,许多语言没有析取联结词,但是会采用怀疑(dubitative)、假设(hypothetical)、疑问(interrogative)等非现实领域(irrealis domain)的策略来编码析取关系。到底什么是非现实呢? 戴维·克里斯特尔(David Crystal)认为:

> "现实[情态]"(realis)这个术语在语言学中用于认识情态的研究:在现实断言中,一个命题被强断定为真,说话人随时能用证据或论据来支持这一断言。与之对立的是非现实(irrealis)断言,命题只是弱断定为真,说话人不准备提供证据来支持这一断言。现实动词形式包括过去时,如"X did Y"(X 做了 Y);非现实动词形式包括某些情态动词,如"X may do Y"(X 可能做 Y)。现实副词包括"fortunately"(幸亏)和"sadly"(不幸);非现实副词包括"maybe"(也许)和"hopefully"(但愿)(克里斯特尔,2000:297)。

Mauri(2008b:30)追随 Elliott(2000:67),认为如果我们说一个命题是"非

现实的",那就意味着所陈述的事态(SoA,state of affairs)属于想象的或假设的领域,由此而构成潜在的或可能的(potential or possible)事件,但是这一事态不是可以观察到的现实(not an observable fact of reality)。在其论文摘要中,非现实性被看作编码析取关系的语义基础,在第 24 页认为可能性这个概念是析取关系表达的基本概念,但是又在第 30 页把非现实的命题列入想象、可能性、愿望、疑问、必要性、义务等领域(Mauri,2008b:24,30)。这些措辞上的混乱,导致读者理解上的模糊,实际上源于"非现实性"这一术语的不足。正如 Bybee(1998:269)所评论的,"irrealis"这个术语过于笼统,除了提示一个宽泛的领域外没有什么用处(the term "irrealis" is simply too general to be useful,except as a pointer to a very broad domain)。另外,"irrealis"与"reality"在构词上紧密相关,"irrealis"很容易被当作未必实现的来看待。学术界有一种观点认为,析取关系所连接的两个析取支都是未然的,也就是均没有成为现实的。这种说法也是不准确的。我们完全可以就已经发生的事件用析取关系来表达。例如:"最近天气很不好,不是阴天,就是下雨,再不然就是刮风"(转引自张斌,2010:659)。

4.1.3　可能性

还有一种观点是析取关系表达可能性。*OALD* 8 认为"or"是用来引入另一种可能性的(used to introduce another possibility),而 *LDOCE* 4 的第一个义项就是可能性或者选择(POSSIBILITIES/CHOICES)。如果说把析取关系归于非现实性有含混之嫌,那么认为析取关系表达可能性则失之宽泛。不过,当我们逆向思考时,可能性的说法还是相当有价值的。那就是,如果一个析取支在事理上的可能性被否定,一般就会产生威胁、发誓等语用意义。例如"Not another step, or I shoot you."这句话中的第二个析取支在事理上显然不是听者所能接受的,于是这句话就产生了威胁的含义。值得注意的是,其中一个析取支被取消可能性的这类句子,在语序上一般都是有利项(可能是否定)在前,不利项在后。

可能性毕竟过于宽泛,往往成为哲学家的话题,把它当作析取关系表达的概念基础,似乎没有抓住析取关系在语言中的常见体现方式。至少我们可以问,英汉语中的"or"和"或者"为什么都可以衍生出"措辞更新"等用法?这一问题将在 5.1.4 小节中讨论。

4.1.4　不确定性

van Dijk(1979:452)认为,"or"在语义上连接的是说话者所未知的两个可能世界里的两件可供选择的事实。这一观点提示了说话者表达析取关系时自身认识状态的重要性。

我们认为,析取关系表达的是主体对析取支的认识状态的不确定性。析取词在命题逻辑中只表示真值之间的运算关系,一旦通过语言来表达反映现实世界,表达者的主观认识状态就必然介入。支命题是语言表述者对外部世界的判断,而支命题之间的关系也承载了语言表述者的认识状况。具体来说,就是表述者不确定哪个支命题是真的。这种不确定性便构成了析取关系的概念基础。

从哲学的角度看,人类对客观世界和主观世界的认识,是确定性与不确定性的辩证结合,这种辩证结合导致了语言中选择关系范畴的产生。选择关系可以理解为在可能性情境中于不确定中对确定性的寻求。所谓可能性情境,既可以是未然态也可以是已然态。未然态的可能性是因为具体事件尚未发生,一切表述都是推测性的;已然态的可能性则是因为具体知识尚未以确切信息的形式进入说话人的认知储备(张莹,2010:166)。

张莹的这段话,较好地表述了不确定性、可能性和未然态三者之间的关系。它们是三个性质不同的概念。不确定性是认识主体的认识状态,可能性情境是对客观状况的描述,未然态和已然态则是对具体事件是否已经发生的区分。主观上的不确定性,也可以说是"epistemic possibility"或"subjective possibility",跟客观上是否已经确定是两回事,也就是说跟已然、未然是不同的概念。由此可知,把析取关系说成是表达未然态,是不对的。

下面我们在此基础上再次拓进,更为深入地讨论不确定性跟析取关系表达法的关系。

与更加宽泛的可能性类似,与认识主体关联的不确定性也是一个比较宽泛的概念,要深入探究,一个较好的方法就是细分成不同小类。Parsons(2001:10-11)曾评述已有文献对不确定性的分类,他总结的其中两个分类图(图 5、图 6)对我们探讨析取关系有较大的借鉴价值。

在这两个分类图中,"ignorance"处于顶层,被当作上义词来用,而"uncertainty"所指的范围也宽窄不同。

在我们看来,析取关系所表达的不确定性与"incompleteness""imperfect knowledge"相类,介于未知"ignorance"与已知"full knowledge"之间。一方

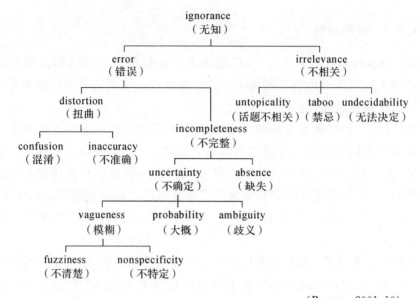

（Parsons，2001：10）

图 5　ignorance 分类图之一

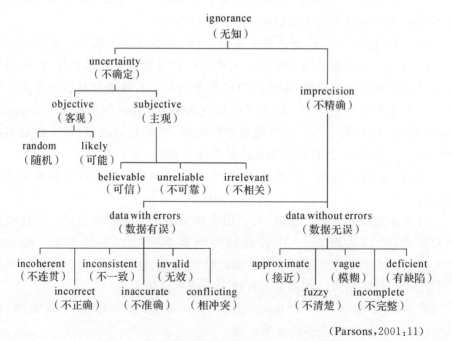

（Parsons，2001：11）

图 6　ignorance 分类图之二

面是不那么确定,另一方面又并非完全未知,有哪些析取支至少是已知的,即选择范围是已知的。汉语语法学界所谓的"限选"复句,就是选择范围已经确定的。这里就涉及析取支的穷尽性问题。Dixon(2009:31-32)用"open disjunction"和"closed disjunction"来区分析取支是否已经穷尽。他在讨论后得出的推论是,逻辑规则不能用于现实世界,现实世界中没有穷尽性析取,X 或 Y 之外必定还有其他可能的存在。他的说法似是而非,似乎贬低了逻辑规则的作用。若按照他的想法,学习逻辑推理规则就没有用处了。逻辑是关于推理必然性的科学。事实上,在日常运用析取三段论进行推理时,我们在主观上一般把析取支认定是穷尽的,不然推理无法进行。虽然我们心里明白,事实上还有可能存在其他的可能性,但是限于当时的认识水平,只能假定是"closed",不然无法推理。我们宁可假定已经找出了所有的析取支,然后推理出结果,而后把结果认为是具有或然性的。对经验世界的认识,正是凭借着这种必然性的推理而不断提高原先或然性理解的可靠性。

析取关系在语言中所表达的不确定性有哪些类别呢?根据我们对析取句对库语料的初步考察,析取关系除了在析取支提供选择这一点上含有不确定性之外,至少还包含以下一些值得注意的情况:a)疑问(interrogation/questions),包括是非问、选择问和正反问;b)数量不确定(imprecision/approximations);c)表述不确定(vagueness/rephrasing),即措辞更新。后面5.4一节中将要考察的"或""有"转换情形也与不确定性密切相关。可以说,析取关系的语言表达构成了 König(2008)所说的一个微系统(microsystem)(转引自许余龙,2010b:4)。可以根据不确定性,考虑英汉编码方式的异同,从而绘制语言类型学意义上的语义地图(semantic map)。当然,这一构想需要我们全面了解英汉语中析取关系表达法的概貌。需要指出的是,虽然析取关系在表达不确定性中起着重要的作用,但是并非只有析取关系可以表达不确定性,其他方式如使用猜测性副词等也可以表达不确定性。

另外,我们选取的小说《骆驼祥子》和 *Alice's Adventures in Wonderland* 分别是现实主义小说和童话小说。一般来说,童话小说提供的想象空间也许会更大,不确定性的表达场合可能会更多。那么在语言上是否有所体现呢?这是一个有趣的问题,留待我们以后考察。

把不确定性明确为析取关系表达的概念基础之后,我们就不难理解析取关系句对库中的以下句子了。

20) 坐了五分钟,也许是一点钟,他不晓得。

　　He sat there for five minutes—or maybe it was an hour, he didn't know.

21) 那什么，曹先生，曹太太，都一清早就走了；上天津，也许是上海，我说不清。

You see，Mr. and Mrs. Cao left this morning for Tianjin，or maybe it was Shanghai，I'm not sure，…

22) 姑妈的报告只是这一点，她的评断就更简单：老头子也许真出了外，也许光这么说说，而在什么僻静地方藏着呢；谁知道！

That was all the aunt could tell her. Maybe，she added，he really is off somewhere，or maybe it was all talk and he's lying low somewhere，who knows?

23) 男的不管屋中怎样的热，一头扎在炕上，一声不出，也许大声的叫骂。

so they would throw themselves down on their beds，ignoring the heat，and lie there in morose silence or fill the air with their curses.

24) 她还是那么老丑，可是比往常添加了一些活力，好似她忽然变成另一个人，还是她，但多了一些什么。

She was still ugly but seemed more full of life than usual，as if she'd become a different person；or maybe it was still her but with something added.

25) and still as she listened，or seemed to listen，the whole place around her became alive with the strange creatures of her little sister's dream.

这姊姊听了又听，好象听见她四围都是她妹妹梦见的许多人人物物的声音。

26) 在这辆车上，他时时看见一些鬼影，仿佛是。

and he often saw ghostly shadows on the rickshaw，or so it seemed.

27) 他走他的，低着头像作着个梦，又像思索着点高深的道理。

He just plodded along，head bowed，as if in a dream or pondering some arcane truth.

例证 20) 到 27) 全部来自析取关系句对库中的汉语中无"或"而英语中有"or"这一类别。观察这些句子不难发现，汉语句子中虽然没有"或"这一字眼，但是有"也许""好象""仿佛""像"等表达不确定性的词语。相应的英语句子全部包含"or"，同时基本都与"maybe""seem""as if"等表示不确定性的词语共现连用。至此,我们可以较有把握地说,析取关系的概念基础在于不确定性。

4.2　析取支的相容性

析取支是否具有相容性,不仅是逻辑学家一直关心的内容,也一直在语言学家的讨论范围之内。

4.2.1　不相容析取关系标记:以"要么……要么……"为例

语言学家讨论析取支的相容性这一问题时,往往把相容性归结到"or"这个析取关系标记本身,认为"or"具有相容(inclusive)和不相容(exclusive)两种用法。

温尼弗雷德·克罗姆比(Winifred Crombie)把交替关系(alternation relations)分为互补性交替(supplementary alternation)和对比性交替(contrastive alternation)两小类,兹引如表 20(Crombie,1985:23)。

表 20　克罗姆比对互补性交替和对比性交替的区分

分类	描述	举例
supplementary alternation	This relation involves two or more non-antithetical choices	1) *Nobody insulted him or fought with him.* 2) *Kill him or maim him or bring him to justice.*
contrastive alternation	This relation involves a choice between antitheses. Where two things, events or abstractions are involved, they are treated as being in opposition	1) *Either Achilles fought, or he didn't.* 2) *Patroclus has deserted, or else he has been killed.*

克罗姆比所谓的互补性和对比性分别相当于相容和不相容。从表 20 所举的实例可以看出,除了"or"之外,英语中常见的不相容析取关系标记还有"either… or…"和"or else"。

相应地,国内逻辑学教程(如金岳霖,1979)则常常用"或者……或者……"和"要么……要么……"分别来表示相容的和不相容的析取关系标记。在汉语语料中,实际用法是否如此呢? 非常可惜的是,检索我们建成的英汉双向平行语料库,没有发现一个"要么"连用的语例。只检索到一处"要么",而且是与

"或者"连用的。之所以两者连用,也许是因为在译者看来,"要么"与"或者"是同义词。

28) so she went on again:'Twenty-four hours, I *think*; or is it twelve? I—'

所以阿丽思就连着说道,"我想是二十四小时,<u>要么</u>或者是十二小时啊? 我——"

这当然不是说"要么……要么……"是逻辑学家们臆造出来的。《现代汉语词典》第 7 版(2016:1526)对"要么(要末)"的解释是:[连]表示两种情况或两种意愿的选择关系:你赶快发个传真通知他,~打个长途电话|~他来,~我去,明天总得当面谈一谈。

平行语料库中检索不到有效的语例,也许是《骆驼祥子》作者和 *Alice's Adventures in Wonderland* 译者的个人语言风格所致,也许是因为"要么"在 20 世纪上半叶的语言中确实不常见。如果进行扩展检索,我们在 *Alice's Adventures in Wonderland* 的其他 5 个汉译本(冷杉译,2010;吴钧陶译,2012;王永年译,2003;张晓路译,2002;管绍淳、赵明菲译,1981)中也能找到为数不多的一些译例:

29) <u>Either</u> the well was very deep, <u>or</u> she fell very slowly,
要么就是井非常深,要么就是她坠落的速度非常缓慢,(王永年译)
要么是井太深了,要么是她下落得太慢,(张晓路译)

30) '<u>either</u> you <u>or</u> your head must be off, and that in about half no time! Take your choice!'
"<u>要么</u>滚开,<u>要么</u>把头砍下来,你得立刻选一样! 马上就选!"(冷杉译)
"<u>要么</u>是你,<u>要么</u>是你的头离开,而且立时立刻实行! 你选择吧!"(吴钧陶译)
"<u>要么</u>是你,<u>要么</u>是你的头给我滚开,马上! 你挑吧!"(张晓路译)
"你<u>要么</u>滚开,<u>要么</u>把头砍下来滚开,你得立刻选一样,马上就选。"(管绍淳、赵明菲译)

31) <u>either</u> the locks were too large, <u>or</u> the key was too small, but at any rate it would not open any of them.
要么就是锁太大了,要么就是钥匙太小了,哪个门也用不上。(管绍淳、赵明菲译)

观察例 29)至例 31),不难发现,这 7 处译文出现的"要么"全部出现在复现结构"要么……要么……"中,没有单用的情形,而且全部是用来翻译英文中的"either… or…"。这说明,"要么……要么……"跟"either… or…"一样,都是不相容析取关系标记。另外,这些"要么"后面往往直接跟上"就是"或"是",这说明"要么"一般连接小句而非短语或词语。

Alice's Adventures in Wonderland 的上述 6 个汉译本再加上《骆驼祥子》原文,总共加起来只有以上那么几个实例,因此我们不妨说,"要么……要么……"一般可以看作不相容析取关系标记,但这些关系标记在自然语言中的实际使用频率并没有逻辑学家们所期待的那么高。

除了"要么……要么……",汉语中还有什么表达方式可以表示不相容析取关系呢?

有时,"要么"也可以变成"要嘛",例如"要嘛还是署名傅雷,要嘛不印我的译本!"杨全红(2012:123-124)评论道:两个"要嘛",看似留有余地,实则已将自己的不二立场表达无遗。显然,这句话中的"要嘛……要嘛……"表达不相容析取关系。

另外,我们在平行语料库中检索到 3 个句对:

32) 买了衣裳就<u>不能同时</u>把钱还剩下,买车的希望,简直不敢再希望!
Since he could <u>not</u> spend <u>and</u> save <u>at the same time</u>, how could he ever hope to own another rickshaw?

33) "不用揣着明白的,说胡涂的!"老头子立了起来。"<u>要他没我,要我没他</u>,干脆的告诉你得了。我是你爸爸! 我应当管!"
"Don't play dumb. You know exactly what I mean." He stood up. "I'll give it to you straight—it's him <u>or</u> me. I'm your father, and I've got the right to make you choose."

34) "我怎办? 不是说过了,<u>有他没我,有我没他</u>! 我不能都便宜了个臭拉车的!"
"What am I going to do? I already told you. It's him <u>or</u> me. I'm not going to let a stinking rickshaw man get what he wants that easily."

例 32)显示英汉语中要表达不相容析取关系,不一定要借助析取关系标记,可以用解释的方式来表达。而例 33)和例 34)则说明,英译文中仍用"or"来表达的不相容的析取关系,在汉语中可以借助对举结构"A 不/没 B,B 不/

没 A"来表达。类似的例子还有告示语"开车不喝酒,喝酒不开车"以及惯用表达"忠实不漂亮,漂亮不忠实",等等。

4.2.2　析取支相容性的真值符合论判断

析取关系标记"或""or"默认表达的是相容义,还是不相容义?我们认为,必须根据 2.4.1 小节中的真值符合论,结合语境及其相关事理,才能可靠地判断"或者""或""or"是否相容。脱离语境来讨论相容性,往往会引起争论。

根据真值符合论,如果两个支命题反映的事物可以在同一时刻同时为真,就称它们是相容的,反之则是不相容的。以这样的判断标准来考察析取关系句对库,我们发现:大多数析取关系都是不相容的。析取关系句对是否相容,有以下一些情形值得考虑。

第一种情形:两个析取支所表达的事态在经验世界里可以同时发生

35)她的一点头,或一笑,都是最美满的回答,使他觉得真是成了"家"。

He could ask for no better reply than a nod or a smile, and he would feel that he had a home.

36)那些灰冷的冰,微动的树影,惨白的高塔,都寂寞的似乎要忽然的狂喊一声,或狂走起来!

The cold, gray ice, the rustling trees, and the deathly pale pagoda were so forlorn they seemed poised to shout hysterically or dance madly.

37)我猜我再吃点什么,或是喝点什么就行啦;可是那最大的问题就是什么呢?

I suppose I ought to eat or drink something or other; but the great question is, what?

例 35)中的"点头"和"笑",例 36)中的"狂喊"和"狂走"可以同时发生,所以可以认为这两个例子里的析取关系是相容的。至于例 37)中"吃"与"喝"是否能够同时发生,则要看这个时长有多长。

第二种情形:两个析取支所表达的事态均作原因看待

38)比这一派岁数稍大的,或因身体的关系而跑得稍差点劲的,或因家庭的关系而不敢白耗一天的,大概就多数的拉八成新的车;

The second class includes men who are slightly older and who, for health reasons, cannot run as fast, or whose family situation will not allow them to go all day without a fare.

39) 还有的，因为中了暑，或是发痧，走着走着，一头栽在地上，永不起来。

Then there were those who walked along until heatstroke or a case of cholera sent them pitching to the ground, from which they never rose again.

40) 欢喜或忧惧强迫着人去计划，布置；

Happiness and worries forced people to plan and make arrangements.

例 38)和例 39)有"因"或"因为"标示，两个析取支显然都表达原因。一般说来，原因是可以叠加的，多个原因比单个原因更容易导致结果的发生，因此两个析取支若充当原因，则必定是相容的。例 40)在形式上虽没有标志，但在语义上"欢喜"和"忧惧"可以看作"人去计划，布置"的原因。因此，"欢喜"和"忧惧"这两个析取支也是相容的。也许正因为两者相容，英译时才有可能被处理成"and"而非"or"。

第三种情形：两个析取支所表达的事态都是假设的情形

41) 假若他的环境好一些，或多受着点教育，他一定不会落在"胶皮团"里，

If he'd been born into a better family or received a decent education, he'd never have been reduced to joining the rubber tire crowd；

42) 一汪儿水，一片儿泥，都可以教它们劈了腿，或折扭了膝。

Any water puddle or patch of mud can result in a sprain or a cracked knee.

例 41)中的两个析取支在"假若"的辖域内，都是假设性的。若环境好一些并多受着点教育，他更加不会落在"胶皮团"里了。所以这种假设性的情形往往使得两个析取支相容。例 42)中，"可以"一词显示这两种情形也是假设性的，因此，"一汪儿水"和"一片儿泥"之间，"劈了腿"和"折扭了膝"之间，都可以认为是相容的。在这种假设性情形中，只要一个析取支为真即可，若有两个析取支为真就更加可能了。一个是底线，是最低限度，两个同时属实则增加了整个命题为真的可能性。

总结以上三种情形，不难看出，只要两个析取支所表示的情形是原因性或假设性的，它们之间就必定是相容的。原因和假设都不是针对当下的，一旦涉

及当下的现实,往往要具体情况具体分析,看两个析取支本身所表达的事态是否在经验世界里能够同时发生。因此我们可以说,析取支是否相容,并不完全取决于析取关系标记本身的语义,还要看析取支所表达的具体内容在经验世界里是否可以同时发生,或者看两个析取支是不是原因性或假设性的。

4.2.3 我们的初步认识

至此,让我们回过头来再思考:汉语中的"或者"/"或"和英语中的"or",是否可以默认为不相容的呢? 或者说,不相容义是不是它们的基本义呢?

先看实际的语言运用。一个值得注意的现象是,在英汉语日常使用中,"或者"和"or"是否不相容,一般不需要特别点明。若要点明,汉语中常常需要添加"两者不可得兼",英语中则往往使用"but not both"来明示析取关系的相容性。根据标记理论,可以把添加的明示不相容的成分看作有标记的,那么反过来相容义就可以当作默认的用法。可惜,问题没有这么简单,在有些场合,英语中也放弃简洁的"or",改用更为冗长的"and/or"来特别标示相容析取关系,从而来消除歧义。

从语言习得角度看,Crain 和 Khlentzos(2010)曾写过一篇长文《逻辑本能》("The Logic Instinct"),以英语、汉语和日语为例,论证逻辑的内在性(logical nativism),认为世界各国儿童都是先行习得相容义的"or",而后才在成人的影响下习得不相容的"or"。儿童语言习得的事实是不容忽视的。

考察了实际语料之后,综合以上的各种情形和要点,对析取关系的相容性,我们提出以下四点初步认识:

第一,从两个析取支命题的区别来说,两个支命题要进入析取关系中,总要有所不同。若完全相同,两个支命题就合二为一了,析取关系也就无从谈起。这种不同既可以体现为差别对立(contrast),也可以体现为矛盾对立(contradiction)。差别对立是指有差别,并存和不并存都有可能;矛盾对立是指相互冲突,不可并存。强调两个析取支不能混同为一,就会倾向于认为两个析取支之间不相容更为合适。这也许是不相容义被范·戴克和兰艾克当作"or"的基本义的一个缘由。

第二,从命题逻辑系统的内部自洽性和简洁性来说,将析取词看作相容,会大大简化真值演算的复杂程度。如果将析取词看作不相容的,那么当析取支数量变为三个以上时,真值运算就不可能保持原先两个析取支之间的那种真值运算关系,因而会导致自我矛盾。再者,不相容析取关系可以由相容析取关系结合合取关系来简明地表达。如果 ∨ 和 ∨ 分别代表相容析取和不相容析

取,∧代表合取,¬表示否定,p 和 q 是两个支命题,那么 p ∨ q 与(p∨q)∧¬
(p∧q)是等值的。

　　第三,尽管析取关系标记中常常有相容不相容的分工,如汉语中"要
么……要么……"往往表示不相容关系,但是如 4.2.2 小节所举语料的讨论所
示,析取支之间的相容性不完全取决于析取关系标记,还要看析取支本身所表
达的内容。

　　第四,从语用学角度看,把析取关系默认为"相容",很多时候不必刻意说
明析取支之间是否相容,这样会使交际双方的话语建构与理解更为省力和高
效。《剑桥英语语法》(*The Cambridge Grammar of the English Language*)
(Huddleston & Pullum,2002:1293)中指出,"and"和"or"的关系类似于"all"和
"some"的关系,也类似于全称量化(universal quantification)和存在量化
(existential quantification)的关系。与〈all,some〉类似,逻辑上的合取和析
取也能形成一个级差〈and,or〉。根据 Levinson(1983:139-140),断定 p or q
这一弱项就蕴含了对 p and q 这一强项的否定,由此就产生了~(p & q)这一
级差含义。把 p or q 与~(p & q)的级差含义合起来,就产生了不相容的解
读,因为此时(p∨q)∧¬(p∧q)与 p∨q 是等值的。可以说,正是语用规律的
介入,才使得默认的更为简单的相容义带上了不相容的语用含义。

4.3　小　结

　　本章结合语料中的实际情形讨论了析取关系的概念基础和析取支的相容
性。在讨论析取关系的概念基础时,我们从汉语中"或者"可以表示"也许"这
一事实切入,指出非现实性和可能性这两个概念过于宽泛,与非现实性相关的
未然性不能概括析取关系的实际情形,在此基础上我们提出析取关系的概念
基础是不确定性,并进行了简要的讨论。在讨论析取支的相容性时,我们首先
以"要么……要么……"为例考察了析取关系标记中是否存在相容不相容的分
别,然后根据真值符合论结合实际语料来讨论分析三类相容析取的实际语料,
最后总结提出了我们对析取支相容性的基本认识。我们认为,析取支的相容
性判断不仅仅受制于选用什么析取关系标记,还要考虑析取支实际语义内容
的影响。

第5章 语料考察(中)

——汉语析取关系标记显性存在时的英汉对译情况

语法学家 Quirk 等(1985:918)根据有无明显的并列标记(and、or、but)把并列结构分为有连词(syndetic)并列和无连词(asyndetic)并列两大类。我们所关心的析取关系标记在析取关系表达中也不外乎显现和消隐两大类。本章主要讨论汉语析取关系标记显性存在时英汉对译的各类情形,包括"或""or"对译的情形和各种转换情形。

析取关系在英汉对译过程中可以对译,在同一种语言内部和两种语言之间也常常可以与合取关系、蕴涵关系互相转换。同时,根据我们对语料的考察和检索,析取关系还可以表达"有的……有的……""有时候……有时候……"等含义。为表述方便,我们参考国内逻辑学界的做法,选取代表字,将以上几种情况分别称为"或""or"对译、"或""则"转换、"或""与"转换、"或""有"转换。下面,我们分别考察英汉对译过程中的以上四种情形。

5.1 "或""or"对译

一般来说,汉语、英语中表达析取关系,分别由典型的析取关系标记"或"和"or"来体现。两者的功能有很多相同点,能够互相对译,是不足为奇的,汉语中包含"或"类析取关系标记的全部语例详见附录 1。本节主要撷取值得注意的英汉相异之处来讨论。

5.1.1 "或"能否引导第一个析取支?

一般说来,一个表达析取关系的语句,若含有多个析取支,最后一个析取支之前必须有析取关系标记,中间的几个析取支可以不用析取关系标记。这一点在英汉语中是相同的。不过,与英语不同的是,汉语中,"或""或者""或是"也可以出现在第一个析取支的开头,如例 43)和例 44)。

43) 比这一派岁数稍大的,或因身体的关系而跑得稍差点劲的,或因家庭的关系而不敢白耗一天的,大概就多数的拉八成新的车;

The second class includes men who are slightly older and who, for health reasons, cannot run as fast, or whose family situation will not allow them to go all day without a fare.

44) 这一派哥儿们的希望大概有两个:或是拉包车;或是自己买上辆车,

This group of running brothers has two ambitions: one is to land a job as a private hire; the other is to buy one's own rickshaw, to own one outright.

这可能是由于"汉语的形式上的规整性对概念的形成的影响"(褚孝泉,1991:152),在每个析取支的前面加上析取关系标记显然有助于汉语表达形式上的规整。另外,这可能也跟汉语中的"或者"可以表达"也许"的意思有关。

英语中的析取关系标记"or"可以出现在句子的开头,如例 45)和例 46),但实际上这时"or"是位于第二个析取支之前了。

45) "祥子! 你让狼叼了去,还是上非洲挖金矿去了?"

"Xiangzi!" she shouted. "Did you get taken off by a wolf? Or maybe you went gold prospecting in Africa!"

46) 'Shall we try another figure of the Lobster Quadrille?' the Gryphon went on. 'Or would you like the Mock Turtle to sing you a song?'

那骨敕凤又道,"咱们再来一出龙虾跳舞,好吗? 不然,就请素甲鱼再唱个歌儿给你听,还是怎么样?"

5.1.2 "或"能否用于疑问句、否定句和无条件句?

英语中的"or"可以出现在陈述句、疑问句、否定句中,没有使用上的限制。但是,与英语不同,现代汉语中的"或""或者""或是"在疑问句和否定句中却不常见。这是当前学术界较为普遍的观点。刘丹青在《语法调查研究手册》中指出,选择型复句调查需注意句类对句法的影响,"陈述句与疑问句,英语都可以用'or',汉语陈述句用'或者',疑问句则用'还是'"(2008:133)。Li 和 Thompson(1981:653)也认为,汉语析取关系标记主要有两类,一类是表达不相容义的只用于疑问句中的"还是",一类是表达相容义的"或是""或者"和"或者是"。刘丹青以及 Li 和 Thompson 只是强调了"或者"与"还是"在句类上的分工，都没有明确说"或是""或者"和"或者是"是否可以用于疑问句。而张宁（Zhang，2009：47）则明确指出，"还是"用于无条件句和疑问句中，而"或者"则用于其他情形，也就是说，"或者"不能用于无条件句和疑问句。另外，《现代汉语虚词例释》（1982：251）在解释"他甚至不知道这种植物是人工培植的或者是野生的"这个句子中的"或者"应改为"还"的原因时，强调"或者"不能用于疑问句和否定句。在汉语中，"或"到底能否用于疑问句、否定句和无条件句？下面我们通过语料检索来一一考察。

先看汉语中"或"类析取关系标记能否用于疑问句。

检索析取关系句对，我们也仅找到一例。

47）so she went on again：'Twenty-four hours，I *think*；or is it twelve？I——'

所以阿丽思就连着说道，"我想是二十四小时，要么或者是十二小时啊？我——"

例 47）中"要么"与"或者"连用，非常少见，只能说是特例。

再看"或"类析取关系标记能否用于汉语否定句。准确地说，我们关心的是"或"表达的析取关系被否定时的情形，而不是析取支表达否定意义的情形。表达否定意义的析取支，当然可以用"或"来连接，如例 48）。

48）当巡警的到时候不给利，或是不归本，找他的巡官去！

If a policeman refuses to pay interest or holds back the principal，go see his superior.

如果"或"所连接的析取支的句法位置与否定标记不处于同一个层面，这种情形也不是我们所要寻找的例证，如例 49）。

49）Alice looked all round her at the flowers and the blades of grass，but she did not see anything that looked like the right thing to eat or drink under the circumstances.

阿丽思就四面看看各色各样的花和草叶子，可是她找不着什么在现在情形看起来像是应该吃或者应该喝的东西。

排除了以上两种容易误认的情形，再检索析取关系句对库。结果显示，"或"连接动词短语（VP）时才能用于否定句，如例 50）中的"或"连接的是"改了行当""买了房子"和"置了地"三个 VP，例 51）中的"或"连接的是"喝酒""赌钱""下棋"和"聊天"四个 VP。

50) 过了些日子,大伙儿看祥子仍然拉车,并没改了行当,或买了房子置了地,也就对他冷淡了一些,……

For a few days, that is, until they saw him pulling a rickshaw again instead of taking up a new trade or buying a house or some land, and their attitude cooled off.

51) 在车口儿上,或茶馆里,他看大家瞪他;本想对大家解释一下,及至看到大家是那么冷淡,又搭上他平日不和他们一块喝酒,赌钱,下棋,或聊天,他的话只能圈在肚子里,无从往外说。

At rickshaw stands or in teahouses, when he noticed the disapproving glares, he wanted to explain himself. But since they all gave him the cold shoulder, compounded by the fact that he never drank or gambled or played chess or simply passed the time with them, he forced the words back down and kept them inside.

在汉语中,"或"连接名词短语(NP)时,不能被直接否定,也就是说"否定＋NP1＋或＋NP2"这种结构在汉语中的可接受性很低。这一判断是从扩展检索多个译本中得出的。请看以下例子:

52) Alice was beginning to get very tired of sitting by her sister on the bank, and of having nothing to do: once or twice she had peeped into the book her sister was reading, but it had no pictures or conversations in it, 'and what is the use of a book,' thought Alice 'without pictures or conversations?'

52a)阿丽思陪着她姊姊闲坐在河边上没有事做,坐得好不耐烦。她有时候偷偷地瞧她姊姊看的是什么书,可是书里又没有画儿,又没有说话,她就想道,"一本书里又没有画儿,又没有说话,那样书要它干什么呢?"(赵元任译)

52b)爱丽丝与姐姐并排坐在池塘边,由于无事可做,她开始感到烦腻。她不时朝着姐姐正在读的那本书瞧上一两眼,可书上既没有插图,也没有对话。爱丽丝寻思:"要是一本书里没有插图和对话的话,那还有什么用呢?"(冷杉译)

52c)爱丽斯挨着她的姐姐坐在河边,由于无事可干,开始觉得没劲。她刚才对姐姐正在阅览的书本瞧了一两眼,可是书上既没有图画,也没有

对话;爱丽斯觉得:"一本书<u>既没有图画</u>,<u>又没有对话</u>,那有什么用处呢?"(吴钧陶译)

52d)爱丽丝挨着姐姐坐在河岸上,她无事可做,开始感到非常腻烦;她朝姐姐看的书瞥了一两眼,但是书里<u>既没有插图</u>,<u>也没有对话</u>,"<u>没有插图或对话</u>的书,有什么用?"爱丽丝想道。(王永年译)

52e)爱丽斯坐在岸边姐姐的身旁无所事事,开始觉得腻烦了。她偷偷瞟了一两眼姐姐看的书,上面<u>没有插图</u><u>也没有对话</u>,"<u>既无插图又没对话</u>的书有什么用啊?"爱丽斯寻思着。(张晓路译)

52f)爱丽丝靠着姐姐坐在河岸边很久了,由于没有什么事情可做,她开始感到厌倦,她一次又一次地瞧瞧姐姐正在读的那本书,可是书里<u>没有图画</u>,<u>也没有对话</u>,爱丽丝想:"要是一本书里<u>没有图画和对话</u>,那还有什么意思呢?"(管绍淳、赵明菲译)

52g)阿丽思和姐姐一起坐在河岸上,没事可干,坐得腻味了;她向姐姐正看着的书瞄了两眼,可那上面<u>没有图画</u>,<u>也没有对话</u>。阿丽思想道:"一本书<u>没有图画</u>,<u>又没有对话</u>,那有什么用啊?"(陈复庵译)

例52)中的英语原文"no pictures or conversations"和"without pictures or conversations"译成汉语时,几乎所有的译者都避开使用"或",而用"(既)没有……又/也没有……"的关联手段,或者将原文的"or"改译为"和"。这众多的译本中,王永年的译本是例外,他在52d)中采用"没有插图或对话"来对译。就汉语使用者的实际语感而言,这样的表达确实有些别扭,而且表意不明确。"和""或"之间的关系在5.3小节中将进一步探讨。

"或"类析取关系标记能否用于无条件句呢?经检索析取关系句对库,我们仅找到一例。例53)表明,"或"可以出现在"无论"等词语引导的无条件句中。但是,这个例子中的"是……或是……"可以说是"是……还是……"的变体。这一点至少说明上面提及的张宁(Zhang,2009:47)的观点基本上是正确的。

53) This was such a new idea to Alice, that she was quite silent for a minute or two, which gave the Pigeon the opportunity of adding, 'You're looking for eggs, I know *that* well enough; and what does it matter to me <u>whether</u> you're a little girl <u>or</u> a serpent?'
这句新鲜话,说得把阿丽思发愣了半天没有话说。那鸽子就趁这机会连着说道,"你在这儿找蛋呢,我这一点总知道:那么<u>无论</u>你是一个小女孩儿<u>或</u>是一条长虫,于我是一样。"

综上所述,除了在否定句中用"或"连接 VP 之外,"或"类析取关系标记确实一般不出现在疑问句、否定句和无条件句中。究其原因,可能在于汉语中的"或者"是正极词(positive polarity item),一般用于肯定句中(Crain & Khlentzos,2010:41-42,57)。另外,这可能与"或"的本源意义有关。"或"在文言文中表示"有人""某人"(赵元任,2002:799),"或""有"常常可以互训,而"有"是肯定的,相应的"或"也就倾向于用于肯定句中。

5.1.3 "还是"能否用于陈述句?

如张宁(Zhang,2009:47)所说,"还是"可以用于疑问句,如例 54)至例 59)。在例 54)至例 56)中,"是"与"还是"关联连用。"还是"也可以单独使用,如例 57)和例 58)。在例 59)中,"还是"一词重复出现,构成"还是……还是……",这一形式虽然少见,也是可以接受的。

54) Please, Ma'am, is this New Zealand <u>or</u> Australia?
波里寺、麻达姆,这是新西兰啊,<u>还是</u>澳大利亚啊?

55) 你<u>是</u>把我给他呢? <u>还是</u>把我们俩一齐赶出去?
Now, are you going to let me marry him <u>or</u> would you rather chase us both off?

56) 城里过了不止一夏了,他不记得这么热过。是天气比往年热呢,<u>还是</u>自己的身体虚呢?
This was not his first summer in the city, but it was easily the hottest in memory. But had the weather changed <u>or</u> had he?

57) 你让狼叼了去,<u>还是</u>上非洲挖金矿去了?
Did you get taken off by a wolf? <u>Or</u> maybe you went gold prospecting in Africa!

58) 'Did you say pig, <u>or</u> fig?' said the Cat.
那猫问道,"你刚才说猪<u>还是</u>书?"

59) So she was considering in her own mind (as well as she could, for the hot day made her feel very sleepy and stupid), <u>whether</u> the pleasure of making a daisy-chain would be worth the trouble of getting up and picking the daisies, when suddenly a White Rabbit with pink eyes ran close by her.

所以她就无精打采地自己在心里盘算————（她也不过勉强地醒着，因为这热天热得她昏昏地要睡）————到底还是做一枝野菊花圈儿好呢？还是为着这种玩意儿不值得站起来去找花的麻烦呢？她正在纳闷的时候，忽然来了一只淡红眼睛的白兔子，在她旁边跑过。

"还是"还可用于"不管/无论/不论"等引导的无条件句，如例60）至例63）。在这种无条件句中，"还是"一般要与"是"共现。例63）中的"顾不得"也含有无条件的意味，在这一句对中，汉语"是……还是……"标识的析取关系在英译时变成了"and"标识的合取关系。"或""与"转换将在5.3节中讨论。

60) 就是他们父女都愿意，他也不能要她；不管刘老头子是有六十辆车，还是六百辆，六千辆！

He wouldn't marry her even if they were both willing, not even if the old man owned six hundred or six thousand rickshaws.

61) 骆驼们很慢很慢的立起来，他顾不得细调查它们是不是都在一块儿拴着，觉到可以拉着走了，他便迈开了步，不管是拉起来一个，还是全"把儿"。

Slowly, very slowly, they stood up. He had no time to worry whether or not they were tied together, and as soon as he realized he could get one camel to follow him, he started walking—one or all of them, it didn't matter.

62) 上唇很短，无论是要生气，还是要笑，就先张了唇，露出些很白而齐整的牙来。

She had a short upper lip that rose up when she pouted or smiled to reveal a row of even white teeth.

63) 他被大兵们拉到山上去的时候，顾不得看谁是排长，还是连长。

When the soldiers dragged him up into the mountains, he hadn't paid the slightest attention to who was a platoon leader and who was a company commander.

以上通过实际语料例证了张宁（Zhang，2009：47）所指出的"还是"用于疑问句和无条件句的情形。那么，"还是"是否还可以用于陈述句呢？答案是肯定的。检索析取关系句对库，我们收集到以下例证：

64) 不知道是往前走呢，还是已经站住了，

Was he still walking, or had he stopped?

65) 他也不知道他是先坐下而后睡着,还是先睡着而后坐下的。

Neither did he know if he'd sat down and fallen asleep or if he'd fallen asleep and then sat down.

66) 不知是电灯照的,还是擦了粉,脸上比平日白了许多;

Whether it was the effects of the light or because she'd powdered her face, her skin was paler than usual,…

67) 把钱放在炕砖上,他瞪着它们,不知是哭好,还是笑好。

After laying it out on the bare bed, he stared at it, not knowing whether to laugh or cry.

68) "死了!"祥子呆呆的在那里立着,不晓得是自己,还是另一个人说了这两个字。

"Dead!" Xiangzi stood there glued to the spot. Did he say that, or was it somebody else?

69) … she could not tell whether they were gardeners, or soldiers, or courtiers, or three of her own children.

她一点看不出他们还是花匠,还是兵,还是朝臣,还是她自己的三个小孩子。

70) 不定是三两个月,还是十天八天,吹了;他得另去找事。

Sometimes he lasted two or three months, sometimes only eight or ten days, after which he was out looking for steady work again.

71) 他不觉得这是太多,还是太少;

Not too many, too few.

72) 对这个消息,他说不上是应当喜欢,还是不喜欢。

Xiangzi wasn't sure if he should be happy or unhappy.

73) ……他才无可如何的起来,打不定主意是出去好呢,还是歇一天。

With a reluctant grumble he got up, not sure if he wanted to go out or take the day off.

74) 教她尝尝,她就晓得了,到底是爸爸好,还是野汉子好!

A taste of that kind of life will tell her who's best, her papa or that no-good lover of hers.

例 64)至例 73)这些句对的汉语原文中含有"不知道""不知""不晓得""看不出""不定""不觉得""说不上""打不定主意"等表示未知待解的词语。这说明,"还是"与这些词语连用,可以用于陈述句中。例 74)有些特别,其中的

"是……还是……"所引导的小句，在语义上是问句，可以看作"晓得"的间接引语。

5.1.4 "或"表示措辞更新

《现代汉语词典》第 7 版（2016：595）与《现代汉语八百词》增订本（1999：284）都曾指出，作连词用的"或者"可以表示等同关系，例如"世界观或者宇宙观是人们对整个世界的总的看法"。伍铁平（1999：265-266）认为这种"或（者）"有"即"的意义，可以表示等值关系这种逻辑功能。从实际语料例75）至例 80）看，等同关系或等值关系的名称过于严格，因此我们改称为措辞更新。

75) 'I quite agree with you,' said the Duchess; 'and the moral of that is—"Be what you would seem to be"—<u>or if you'd like it put more simply</u>—"Never imagine yourself not to be otherwise than what it might appear to others that what you were or might have been was not otherwise than what you had been would have appeared to them to be otherwise."'

那公爵夫人道，"你的意见不错，于此可见——'画兔画须难画耳，知人知面不知心'——<u>或者简单些说就是</u>——'再不要以为你自己不是对于别人所见的以为你从前的情形或是你不然也许会有过的情形相差的不是对于你所做过的对于他们似乎不同的样子。'"

76) She did not get hold of anything, but she heard a little shriek and a fall, and a crash of broken glass, from which she concluded that it was just possible it had fallen into a <u>cucumber-frame, or something of the sort.</u>

她并没有捞到什么东西，可是她就听见唶地一叫，扑通一声，一下又是豁喇喇许多碎玻璃的声音，她从这个就猜那兔子大概是跌在<u>一个黄瓜藤的架子或是什么东西</u>上了。

77) The poor little thing <u>sobbed</u> again (<u>or grunted</u>, it was impossible to say which), and they went on for some while in silence.

那小东西又哭了一声（<u>或是</u>咕了一声，横竖辨不出哪一样。），他们就呆呆着没有话说。

78) 就是在奔跑的时节，他的心中也没忘了这件事，并非清清楚楚的，有头有尾的想起来，而是时时想到<u>一个什么意思，或一点什么滋味，或一些什么感情</u>，都是渺茫，而又亲切。

... but even as he ran he could not stop thinking about this business, and not in a clear, methodical fashion. Rather, random bits and pieces surfaced in his head—a particular meaning or feeling or emotion, vague and yet close and very personal.

79) 因此,她才越觉得有点意思,她颇得用点心思才能拢得住这个急了也会炮蹶子的大人,或是大东西。

With this in mind, she knew she'd have to tread more carefully if she was going to hold on to this big fellow—this big creature—who could buck and kick if pushed too far.

80) 不是那些衣服,也不是她的模样,而是一点什么态度或神味,祥子找不到适当的字来形容。

It wasn't her clothes or her looks; no, it had more to do with her attitude and her behavior, though Xiangzi had trouble putting it into words.

例 75)中的"或者简单些说就是"是典型的换一种说法的标志语。例 76)至例 80)每个句对中的两个析取支都可以看作话语建构者对自己在第一个析取支中的措辞不满意或不确定,然后再在第二个析取支中更新自己的表述,以期更加准确,更加到位。这种情况下,将其称为等同关系或等值关系,是不那么确切的。另外,例 79)的英译文中并没有出现典型的析取关系标记"or",而是用破折号代替。破折号在这里的作用在于说明破折号前后的内容是类似的,这与措辞更新是吻合的。例 80)中的"态度或神味"也可以看作措辞更新,如果在英语中用析取关系来对译可能会更加恰当。实际英译时处理成合取关系的"her attitude and her behavior",也许是由于英译文的谓语改用了"had more to do with"(与……更有关联),而不是直译汉语原文中的"而是"。

5.2　"或""则"转换

"或""则"转换,是指析取关系与蕴涵关系(也常被称为条件关系)之间的转换。这一转换可以体现在同一种语言内部,也体现在语际转换过程中,前者可以在后者中体现出来。

从逻辑上讲,"或""则"转换的英汉对译有以下四种可能(表 21)。

表 21　"或""则"转换的四种可能

	"或"转换成"则"	"则"转换成"或"
汉译英	？	＋
英译汉	＋	？

在所建成的析取关系句对库中,我们没有发现汉语中的析取关系被翻译成英语中的蕴涵关系,英语中的蕴涵关系也很少被翻译成汉语中的析取关系。另外两种情况在翻译过程中出现的次数也不是很多,主要是英语中的"or"或"either… or…"与汉语中的"不是……就是……""不然""要不""要不然"等对译。其原因大概在于析取关系与条件关系毕竟是不同的关系,逻辑上的等值演算不能代替种种丰富的实际语义,翻译活动在跨语言信息传递的过程中一般都不能扭曲任何语义信息。同时,汉语比英语更偏爱用蕴涵命题的形式来表达析取关系。

在本节中,我们先讨论"或""则"转换的逻辑基础,然后讨论与"不是……就是……"相关的问题,接着讨论与"不然""要不""要不然"相关的问题,最后再做一小结。

5.2.1　"或""则"转换的逻辑基础

在命题逻辑中,$p \lor q$ 等值于 $\neg p \to q$,同时也等值于 $\neg q \to p$。这三个命题的等值性可以通过下面的真值演算过程来证明。

首先在第一列至第二列中分别列出 p、q 的各种真值组合,如表 22 所示。

表 22　"或""则"转换的真值演算证明步骤一

p	q	$p \lor q$	$\neg p$	$\neg q$	$\neg p \to q$	$\neg q \to p$
T	T					
T	F					
F	T					
F	F					

只有当 p 和 q 都假时,整个析取命题 $p \lor q$ 才假,其余情况均取真值。于是,表 22 可以继续填充,如表 23 所示。

表 23　"或""则"转换的真值演算证明步骤二

p	q	p∨q	¬p	¬q	¬p→q	¬q→p
T	T	T				
T	F	T				
F	T	T				
F	F	F				

然后,第四列和第五列分别是 p 和 q 的负命题,因此只要将 p 和 q 的真值一一反转即可,如表 24 所示。

表 24　"或""则"转换的真值演算证明步骤三

p	q	p∨q	¬p	¬q	¬p→q	¬q→p
T	T	T	F	F		
T	F	T	F	T		
F	T	T	T	F		
F	F	F	T	T		

在第六列蕴涵命题 ¬p→q 中,¬p 是前件,q 是后件,观察 ¬p 和 q 的真值组合情况,从上至下分别是 FT、FF、TT、TF,穷尽了这个支命题的四种真值组合情况。我们知道命题逻辑中的蕴涵命题是实质蕴涵,实际上只是确认了当前件为真、后件为假时,整个蕴涵命题才为假,其他情况均为真。因此,第六列的真值除了前件后件 TF 的组合即第四种情况外,全部取 T。第七列蕴涵命题 ¬q→p 的真值情况,也可做类似推导。至此,我们将此表的真值情况填充完毕,如表 25 所示。

表 25　"或""则"转换的真值演算证明步骤四

p	q	p∨q	¬p	¬q	¬p→q	¬q→p
T	T	T	F	F	T	T
T	F	T	F	T	T	T
F	T	T	T	F	T	T
F	F	F	T	T	F	F

从表 25 可以清楚地看到,第六列和第七列的真值与第三列相同,即蕴涵命题 ¬p→q 和 ¬q→p 与析取命题 p∨q 在真值演算上是等值的。

这三个命题的等值性是就逻辑真值演算而言的,是具有恒真性的逻辑真理,但是一旦落实为自然语言,或者说通过自然语言表达,就出现了由语言不同而产生的不同偏好或倾向。这些命题之间的等值性就为某些语言如汉语采用蕴涵命题的形式表达析取关系提供了逻辑上的可能。

5.2.2 "不是……就是……"

赵元任(Chao,1959:6-7)认为,汉语中析取关系的语言表达最爱使用"不(是)……就(是)……"。在他看来,"不(是)……就(是)……"是蕴涵命题$\neg p \rightarrow q$的语言形式,表达的意义是析取关系。赵元任所提出的判断,实际上涉及的问题是一种语言内部是否可能偏爱用蕴涵关系的语言形式来表达析取关系。

下面结合本研究建成的语料库中的实例来考察这一现象。

为避免先入为主,我们暂且不引证词典中对"不是……就是……"的解释,先考察赵元任自己译文中的"不是……就是……"。

81) but,alas! either the locks were too large,or the key was too small,but at any rate it would not open any of them.

81a)可是真倒霉! 不是锁太大,就是钥匙太小,无论怎样,试了一周,一个也开不开。(赵元任译)

81b)可是,嗨! 不是锁太大,就是钥匙太小,横竖一扇门也打不开。(何文安译)

81c)可是,天哪! 不是门锁太大,就是钥匙太小,不论哪一扇门,她用尽办法都打不开。(吴钧陶译)

81d)可是哎呀! 不是锁太大,就是钥匙太小,每一扇门都打不开。(王永年译)

81e)可是,哎呀,要么就是锁太大了,要么就是钥匙太小了,哪个门也用不上。(管绍淳、赵明菲译)

81f)可是试了个遍,真不走运! 是锁头都太大了呢,还是钥匙太小了呢,反正不管怎么尝试,哪个门也打不开。(冷杉译)

81g)可她一试,哎呀! 哪一把锁都显得太大,或者说,这把钥匙过于小了,试了半天,一道门也打不开。(黄建人译)

81h)可是,哎呀! 那些锁都太大,钥匙太小,无论如何,哪扇门也打不开。(张晓路译)

　　因为要在翻译文本而非原创文本中考察汉语的使用情况,所以我们做扩展检索,同时考察其他七个译本。由于这是翻译而成的汉语,有必要结合语感来评判上述译文的得失,从而来体会"不是……就是……"这一析取关系标记的实际含义。

　　译例 81a)至译例 81d)均将"either… or …"处理成"不是……就是……",优点在于通过对析取支范围穷尽性的强调,传递了一种无可奈何的情绪,缺点在于会让人直觉性地理解为:锁太大与钥匙太小是两回事。译例 81e)提示我们"不是……就是……"与"要么就是……要么就是……"在语义上有某种关联。译例 81f)和译例 81g)注意到了锁头太大与钥匙太小两者只是判断标准不同而已。但是,表达方式显得有些乏味平淡,尤其是黄建人的译文。这两个译例提示我们"不是……就是……"有时并不是客观事实的反映,更多传递的是言说者的主观意义。译例 81h)采用并置形式来表达,析取支之间的关系要留给读者去意会,这种翻译处理虽然也可接受,但多少有些避开在译语中落实原文"either… or …"意味的嫌疑。

　　从上面这个译例的讨论中,我们至少可以得出结论说,"不是……就是……"确实可以表达析取关系。下面让我们考察更多的译例。赵元任的译文中还有以下一些相关的译例:

82) 'Now, I give you fair warning,' shouted the Queen, stamping on the ground as she spoke; 'either you or your head must be off, and that in about half no time! Take your choice!'

那皇后踩着脚嚷道,"你听着,我预先通知你。现在不是你去,就是你的头得去,而且立时立刻就给我实行! 你两样拣一样罢!"

83) 'I know what "it" means well enough, when I find a thing,' said the Duck: 'it's generally a frog or a worm. The question is, what did the archbishop find?'

那鸭子道,"我'此'字认得是认得,可是我遇见以此为甚好的时候,大概,'此'字不是一个虾蟆,就是一条虫。我的问题是:那位大僧正以什么为甚好?"

84) All the time they were playing the Queen never left off quarrelling with the other players, and shouting 'Off with his head!' or 'Off with her head!'

他们玩球的时候,那皇后总是不住嘴地同他们吵嘴,不是嚷,"砍掉他的头!"就是嚷,"砍掉她的头!"

85) Even the Duchess sneezed occasionally；and as for the baby，it was sneezing <u>and</u> howling <u>alternately</u> without a moment's pause.

连那公爵夫人自己也有时候打喷嚏；要说那小孩，那就<u>不是</u>打喷嚏<u>就是</u>叫，<u>不是</u>叫<u>就是</u>打喷嚏。

86) The players all played <u>at once</u> without waiting for turns，quarrelling all the while，<u>and</u> fighting for the hedgehogs；

那些打球的人也不论次序，大家同时乱打，<u>不是</u>相骂，<u>就是</u>抢刺猬；

为便于讨论，更直观地呈现，现将上面的译例相关信息列成表 26。

表 26　汉译为"不是……就是……"的相应英语原文析取关系标记

例子编号	英语原文	汉语译文
82	either… or…	不是……就是……
83	or	不是……就是……
84	or	不是……就是……
85	… and … alternately	不是……就是……，不是……就是……
86	at once… ，and	不是……就是……

从译例 82)至译例 84)可以看出，"不是……就是……"确实可以表达英语中"either… or…"和"or"所表达的析取关系，还可以表达例 85)中的交替关系。表达交替关系时，"不是……就是……"可以通过"不是 p 就是 q，不是 q 就是 p"这样的结构进行连用。我们注意到例 86)中的"不是……就是……"表示在同一时段内不同人同时做的种种行为，表示"相骂"和"抢刺猬"穷尽了大家在那个时段内的行为的种种可能，强调了析取范围。"不是……就是……"用在这里，似乎并没有表示一般意义上的析取关系。实际上，就大家而言，"相骂"和"抢刺猬"均是部分事实，而就这"大家"中的个人而言，则有析取关系的意味在里面，"相骂"或者"抢刺猬"或者两者同时执行。

考察汉语翻译文本中的"不是……就是……"时，我们根据自己的语感体会其含义。为验证对"不是……就是……"这一析取关系标记的理解，此时有必要查阅各类权威的工具书。

查阅《现代汉语词典》第 7 版(2016：105)，"不"词条下的第七个义项的内容为："跟'就'搭配使用，表示选择：晚上他～是看书，就是写文章。"

这一解释过于简略，不能满足我们的需求。查阅《现代汉语八百词》增订本(1999：91)，"不"字条目下的内容为：

不是 A 就是 B。

A、B 为同类的动词、形容词，也常常是小句。表示两项之中必有一项是事实。

～[是]刮风就[是]下雨|他～是蒙古族就是满族|～是你去，就是我去

"表示两项之中必有一项是事实"这一表述显然就是析取关系的基本含义。这一解释说明"不是……就是……"可以表示析取关系。但是，依赖这点解释，仍然不能说明例 82)至例 85)的各种情况。

再查阅《现代汉语虚词例释》(1982:107-108)，解释如下：

连接两个并列的成分。

一、表示选择。有"二者必居其一"、"非此即彼"的意思。

……但我在这里，说明着被压迫者对于压迫者，不是奴隶，就是敌人，决不能成为朋友，所以彼此的道德，并不相同。(《鲁迅全集》六卷 360)

二、表面看来也是表示选择，其实意在列举事实，概括说明某种情况。

细想起来，他半辈子里不是风，就是雨，不是血，就是泪，才过了几天好日子。(《三千里江山》15)

根据上面的解释，第一个义项也是说明"不是……就是……"能表达析取关系。第二个义项可以用来说明例 86)，该例所表达的正是概括说明"大家同时乱打"这一总体情况。

以上述词典中的相关解释来看例 81)，我们发现原先关于语感的评论中提到的强烈情绪义仍无法落实。仔细思考，这一情绪上的主观义与"不是……就是……"强调选择范围的穷尽紧密相关。研究复句的语法学家，如张斌、黄伯荣等，他们在《现代汉语描写语法》《现代汉语》等书中常常将"不是……就是……"归于选择复句中的"限选"小类下，而限选是指"只能在分句提供的几个限定选项内选定其中之一，非此即彼，没有其他可能，口气肯定"(张斌，2010:658-659)。胡裕树主编的《现代汉语(重订本)》中说得更加明确："用'不是……就是……'口气比较坚决，表示要在两样事情中选取一样，排除第三种可能性。关联词语要成对地用，不能只用一个。"(1995:362)如此看来，"不是……就是……"传递比较坚决的口气是可以确认的。

以上讨论的例证均来自汉语翻译文本。下面让我们考察汉语原创文本中的语例。

用"不是……就是……"来检索汉语原创文本，检索结果令人惊讶，《骆驼祥子》原文中只找到一个"不是……就是……"与"either… or…"对译的例子。

87) 大概据我这么猜呀，出不去两条道儿：<u>不是</u>教二强子卖给人家当小啊，<u>就是</u>押在了白房子。

The way I see it, one of two things happened. <u>Either</u> Er Qiangzi sold her to be someone's concubine <u>or</u> she's been sent to the White Manor.

例 87) 中的"出不去两条道儿"佐证了我们原先对"不是……就是……"强调穷尽析取支范围的判断。

不过，这一检索结果数量太少，比汉语翻译文本少很多，竟然成了孤证，自然就大大降低了说服力。幸好，我们建设析取关系英汉平行句对库的过程是"机检＋手检"结合进行的。根据句对库的标注，我们共检索到以下四个例子，发现"不是……就是……"在语言形式上并不是不可变的。

88) 厂子里靠常总住着二十来个车夫；收了车，大家<u>不是</u>坐着闲谈，<u>便是</u>蒙头大睡；祥子，只有祥子的手不闲着。

Twenty or so men bunked in Harmony Shed，and when they brought their rickshaws in，they <u>either</u> sat around shooting the breeze <u>or</u> slept. All but Xiangzi, the only one who was never idle.

89) 白天，她<u>不是</u>找虎妞来，<u>便是</u>出去走走，因为她的广告便是她自己。

Then she <u>either</u> visited Huniu <u>or</u> went out for a walk alone, since she was her own best advertisement.

90) 拉车的壮实小伙子要是有个一两天不到街口上来，你去找吧，<u>不是</u>拉上包月，准在白房子趴着呢；

If a healthy young rickshaw man doesn't show up on the street for a couple of days, you'll find that he's <u>either</u> landed a monthly job <u>or</u> he's made his way to the White Manor.

91) 要是有儿子，<u>不</u>像我<u>就</u>得像祥子！

If you had a son, and he didn't take after me, he'd take after Xiangzi.

在这四个例子中，前三例均被英译成"either… or…"，例 88) 和例 89) 采用"不是……便是……"的形式，而例 90) 采用了"不是……准……"的形式。"不是……便是……""不是……准……"可以认为都是"不是……就是……"的变体形式。《现代汉语虚词例释》(1982：108) 明确认为："不是……便是……"的用法和意义同"不是……就是……"，只是这种格式常用于书面语中。

　　下面讨论例 91)。我们把例 91)也包括在句对库中,首先是因为赵元任原文中就提到"不……就……"的形式。其次,"不……就……"可以认为是源于文言的"非 A 即 B"的白话文变体,"非 A 即 B"至今仍在使用,如"非死即伤"。此外,从语义上判断,例 91)确实表达了析取关系,这可以从扩展检索到的施晓菁英译文 92b)中得到证实。施晓菁将例 92)翻译成了由"or"表达的析取关系。

92)　……她撇着点嘴说,"要是有儿子,不像我就得像祥子!

92a)　... Huniu said with a little pout,"but if you had a son, and he didn't take after me, he'd take after Xiangzi.(葛浩文译)

92b)　... remarked Tigress, pursing her lips. "If you'd had a son he'd have been like me or like Xiangzi.(施晓菁译)

92c)　... she said with slightly pursed lips, "if you had a son, if he wasn't like me he'd be like Hsiang Tzu.(珍·詹姆斯译)

92d)　... Tiger Girl pursed her lips a little as she spoke:"If you had had a son, if he wasn't like me, he'd be like Happy Boy.(伊万·金译)

　　观察上述四个译本,我们发现除施晓菁的译本外,其他三个都没有将"不……就……"英译成"or",而是借助"if"来表达。其中,92c)和 92d)非常明确地选用 if 来表达原文中"不……就……"所表达的语义关系,而 92a)中的"and"可以认为是"and if"的省略形式。这是因为该句中前面的"要是"恰好表达条件关系,"不……就……"也表达条件关系,两者就发生条件合并,于是出现了"if A and if B"被省略成"if A and B"的情形。综合起来,92a)、92c)和92d)说明"不……就……"可以表达蕴涵关系(即条件关系),92b)说明"不……就……"也可看作析取关系。在"不……就……"表达蕴涵关系还是析取关系这一点上,上述四个译本的观点比例是 3∶1,同时我们在汉语翻译文本中也没有找到一例是"不……就……"表达析取关系的。据此,似乎可以认为"不……就……"虽然可以表达析取关系,但更倾向于表达蕴涵关系。汉语原创文本中检索到两个例子:"不喝就滚出去!"和"不认命,就得破出命去!"这两个例子中的"不……就……"均表达条件关系。这一观察也得到了《现代汉语八百词》(1999:91)相关词条的佐证。该词典在"不"条目下说到"不……就……"时只提条件关系,而没有说到选择关系。

　　不……就(才)……。表示如果不这样就会怎样。

～做周密计划，工作就做不好|～刮风就好了|～生病才好

也许也正因为如此，赵元任在举例时似乎有意多用"不是……就是……"而非"不……就……"，从中可以看出他似乎认为"不是……就是……"表达析取关系比"不……就……"更具有代表性。在我们的语料穷尽性检索中，如果把"不是……便是""不是……准……"算作"不是……就是……"的变体形式，那么"不是……就是……"表达析取关系的语例比"不……就……"表达析取关系确实更为常见。

那么，"不是……就是……"是否如赵元任所说是在汉语语法中出现频率最高的析取关系表达方式呢？我们注意到，赵元任（1956）这篇文章的前头说他的考察范围限于现代汉语口语而非汉语的所有方面。也就是说，他的这个论断是有限制条件的，即"不是……就是……"是现代汉语口语中表达析取关系的频率最高的方式。我们的语料来源之一《骆驼祥子》口语化色彩浓厚，虽然经过了老舍的艺术加工，但仍在一定程度上代表了现代汉语口语。由于 *Alice's Adventures in Wonderland* 是童话小说，目标读者是儿童，其汉译文也必然带上口语色彩，不能过于书面化。但是，根据我们上述谈及的语料检索结果，我们总共只在析取关系句对库 613 项记录中找到 11 例，仅占 1.79%。我们不妨拿学术界公认的"或者""还是"等常见析取关系标记在析取关系句对库中的出现频率做比较。有 92 例借助"或""或者""或是"表达析取关系，占 15.01%。有 19 例借助"（是）……还是……"表达析取关系，占 3.10%。扩大语料库容量，可能会提高"不是……就是……"所占的比例，但估计也不会完全改变这个比例格局。因此，我们可以认为赵元任的论断是不够准确的。

这么说并不是否定"不是……就是……"是汉语语法中表达析取关系的方式这一事实，更不是否定赵元任论断的理论价值。正是他的论断提示我们，在某些语言如汉语中，析取关系可以用蕴涵关系的形式来表达，而且是操该语言的母语使用者所接受的，并非例外的情况。他的论断激发我们思考：为什么在汉语中"不是……就是……"可以编码析取关系？

要对这一问题做出更为严谨的回答，我们仍需思考"不是……就是……"表达析取关系的逻辑基础在哪里。

首先，"不是……就是……"的确是 ¬p→q 命题的表达形式。

蕴涵命题的典型语言表达方式是"如果……那么……"。"不是……就是……"是如何与"如果……那么……"联系起来的呢？我们认同诸葛殷同（1987:102）的观点，他认为"不是……就是……"是"如果不是……那么就是……"的省略形式。如何加以证明？我们可以从下面这个语言事实中得到

启示。"不是……就是……"的限选项并不限于两项,出现第三个限选项时,可以加上"再就是""再不就是""再不然就是""要不就是""要不然就是"等(张斌,2010:658)。由此可以看到,"不是……就是……"与"要不""要不然"等是紧密关联的,而"要不""要不然"就是"如果不是"的意思。在汉语翻译文本中,我们检索到这样的例子:

93) Either the well was very deep, or she fell very slowly, for she had plenty of time as she went down to look about her and to wonder what was going to happen next.

　　那口井要不是非常地深,那就定是她掉得很慢,何以呢? 因为她掉了半天还掉不完,倒有工夫四面望望;还有空自己问问,"等一会儿又有什么来了,等一会儿要碰见什么了。"

　　例 93)中,"either… or …"被翻译成"要不是……那就定是……"。"要不是……那就定是……"比"不是……就是……"在形式上更明确地采用了¬p→q的命题形式。后者与前者同义,只是前者的简化和规整化表达。

　　从前面的讨论中,我们更加明确了"不是……就是……"是¬p→q命题的表达形式,而如本节开头所述¬p→q与p∨q在逻辑上是等值的,这就为"不是……就是……"表达析取关系提供了可能。

　　其次,"不是……就是……"也可以看作析取三段论推理的语言表达形式。

　　命题可以通过自然语言表达,推理过程也可以通过语言来表达。我们甚至可以进一步说,命题和推理过程是一体两面的,命题是静态化的推理过程,而推理过程是动态化的命题。这是因为我们可以把推理的各个前提(p、q、r等)和推理的结论(C)之间的关系刻画为一个蕴涵命题:

$$p \wedge q \wedge r \wedge \cdots \rightarrow C$$

因此,析取三段论推理过程也可以借助自然语言加以描述。我们认为,"不是……就是……"表达了析取三段论中的小前提和结论,只不过为了简洁而把大前提省略了。

$$p \vee q$$
$$\underline{\neg p}$$
$$\therefore q$$

这一图示就是析取三段论中的否定肯定式。

"不是……就是……",是￢p→q 命题的表达形式,也可以看作析取三段论推理的语言表达形式,这只是说明了"不是……就是……"表达析取关系具有逻辑基础,有逻辑上的可能,并没有回答以汉语为母语者为何会选用￢p→q 来表达 p∨q 这一问题。

我们认为,这可以从以汉语为母语者偏爱阴阳对举思维的这一文化心理来寻找解释。中国文化元典《周易·系辞上》中有一句极为重要的论断"一阴一阳之谓道",这是以阴阳对举来解释"道"的概念,即指出事物矛盾对立、互相转化的自然规律(黄寿祺,张善文,2004:503)。"一阴一阳之谓道"已经蕴含了阴阳对举的思维,也就是北宋哲学家张载所说的"两不立则一不可见,一不可见则两之用息"(《正蒙·太和篇》)。以汉语为母语者认为只有对举,才能全面认识事物。所对举的事物往往都显现,也可以一显一隐。以《骆驼祥子》中的一句话为例,小说中的光头说:"是福不是祸,今儿个就是今儿个啦!"这句话中的"是福不是祸"是俗语的前半句,下半句"是祸躲不过"没有说出来,却是隐性存在的。英译文"It might be trouble, it might not be. But we've come this far."则将这个俗语的两层意思都显现出来了。

"不是……就是……"这种￢p→q 的形式是如何在阴阳对举思维的影响下表达 p∨q 析取关系的呢? 如 5.2.1 节所述,p∨q、￢p→q、￢q→p 三个命题均是等值的,其中￢p→q、￢q→p 这两个等值命题在蕴涵方向和否定位置两方面均相反,极易激发以汉语为母语者的阴阳对举思维。因而,在说汉语的人的潜意识里,￢p→q 和￢q→p 这两者往往是共存的,常常是一显一隐,即一阳一阴,有时两者都显现,如例 85)。正是这种阴阳对举思维,在一定程度上促成以汉语为母语者比以英语为母语者更加偏爱"不是……就是……"这种蕴涵关系的形式来表达析取关系。

5.2.3 "不然""要不""要不然"

当前的汉语语法学界一般都认为"不是……就是……"是选择复句的关系标记,但对"不然""要不""要不然""除非""否则"之类的连词却一般不认为是选择复句的关系标记。从逻辑上看,正如上一小节所示,这类连词所连接的句子所表达的命题形式是 p∨(￢p→q),只不过￢p→这一部分被词汇化为"不然""要不""除非""否则"等连词而已。因此,这些连词实际上也可以认为是析取关系的标记。黎锦熙和刘世儒(1962:35)在《汉语语法教材》第三编"复式句和篇章结构"中,就把"要不""否则"等列为选择复句限选式中的"虚拟反推"这一小类:

虚拟反推的——先列正面的一事,再虚拟它的不存在(插进一个虚拟的否定词语,实由"假设从句"节缩而成的),跟着就从反面把后果推断出来,听你自己选择。……"要不"和"否则"都复合而成了"连词"形式,所以把这种句型列入选择范畴,还是好理解的。但这种连词的涵义,究竟复杂些,是"对上句突然来个假设的否定,紧接着就是事效的反推"。

他们接着评论道:"因此一般语法书或列于'假设',或混于'转折',或视同'因果',总不敢确认为是选择的关系。"随后又举例说明是"有问题,可以研究"。

《现代汉语虚词例释》(1982:107)认为,"不然"除了表示"如果不这样"的意思之外,还可表示选择。引述如下:

二、表示选择,意思和"要不是这样……那或者……"相当。"不然"前通常有"再"。例如:

妈素常疼爱这唯一的女儿,听得女儿回来,就要摇摇摆摆走过来问她肚子饿不饿,妈留着好东西呢,——再不然,就差吴妈赶快去买一碗馄饨。(《茅盾短篇小说选》94)

你应该叫我"威弟",再不然叫"阿威"。(《张天翼选集》286)

同时,该书第 198 页认为"否则"的用法与"不然"的第一个用法相当,但没有"不然"的第二个用法,即不能表示选择。

在第 449—451 页的另一个条目中,该书认为"要不(要不然)"表示"如果不这样"之外,也可以表示选择:

二、表示对两种相类似或相反情况的选择,意思跟"或者"相近。例如:

父亲不耐烦地吼喊:"我看你中了邪啦! 要不,就是鬼把心窍迷啦!"(1958《短篇小说选》347)

肖长春笑着说:"都高兴成这个样子,谁还困哪! 要不,老王你回去睡吧!"(《艳阳天》1772)

咱们摘这朵紫的吧,要不,就摘那朵黄的。

咱们可以先从这块地收割,要不然从那块地开始也行。

利用逻辑上的真值等价关系来描写自然语言中丰富的语义关系,自然是粗疏的。我们认为,"不然""要不""要不然""除非""否则"这类连词虽然在逻辑上可以认为是等价的,但是在表达选择关系还是条件关系上有倾向程度的差异。根据《现代汉语虚词例释》的相关条目解释,"不然""要不""要不然"可以表达选择关系,但"除非""否则"更多是用于表达条件关系。

这一看法可以从我们的语料检索结果中得到证明。在英汉双向平行语料库中检索"除非"和"否则","否则"没有出现,"除非"出现了6次。请看这些语例:

94) 除非你把大箱碰碎,我都白给修理;

If you ruin the frame, that's on you. Anything else goes wrong, I'll repair it for free.

95) 除非一交栽倒,再也爬不起来,他满地滚也得滚进城去,决不服软!

If he pitched to the ground and could not get back up, he'd crawl into the city if necessary. Xiangzi would not give up.

96) 现洋是那么白亮,厚实,起眼,他更觉得万不可撒手,除非是拿去买车。

They were so shiny, so solid, so captivating, he knew he could not bring himself to let them out of his sight, except to buy a rickshaw.

97) 他们花着房钱,可是永远没人来修补房子;除非塌得无法再住人,才来一两个泥水匠,用些素泥碎砖稀松的堵砌上——预备着再塌。

They paid rent, but no one ever came to make repairs on their rooms, unless, that is, they were no longer livable. Then a couple of brick masons would come by to patch them up with mud and broken bricks, which would last until the next time they crumbled.

98) 至于挣钱,他还是比一般的车夫多挣着些。除非他的肚子正绞着疼,他总不肯空放走一个买卖,该拉就拉,他始终没染上恶习。

He still earned more than most rickshaw men, passing up no fares except when his stomach acted up. He refused to employ the tricks some men used;

99) "要是这么着呀,"曹先生迟疑不决的说,"除非我这儿可以将就你们。……

"If that's the case," Mr. Cao said hesitantly, "I guess I can put you up here…

这些例子中,例94)、例95)和例99)中将"除非"处理成了"if",例96)和例98)则英译成"except",保留了"除非"一词中的"非",例97)则以"unless"来对译。对应的英语文本中,没有一处出现典型的析取关系标记"or"。

再看"不然""要不""要不然"在英汉双向平行语料库中的实际情形。将不表示析取关系的语例去除,共检索得到 9 个英语对应词语为"or"的例子。有趣的是,这些包含"不然""要不""要不然"的例子全部来自汉语翻译文本。也就是说,汉语原创文本中的"不然""要不""要不然"在英译时全都没有处理成条件关系(参见附录 2),这也许跟译者风格有关联。

现在来看这 9 个例子,在这些例子中"or"汉译为"不然""要不"或者"要不然"。

100) so she went back to the table, half hoping she might find another key on it, or at any rate a book of rules for shutting people up like telescopes:

所以她又走回桌子那里,一半也希望再找着一个别的钥匙,不然或者也许找到一本什么书,里头有教人怎么像望远镜似的变小的诀窍:

101) but I must be kind to them,' thought Alice, 'or perhaps they won't walk the way I want to go!

但是阿丽思又想道,"我非得要好好待他们才行,不然怕我要他们走到那儿去,他们偏偏不答应怎么好?

102) 'You must be,' said the Cat, 'or you wouldn't have come here.'

那猫道,"你一定是的,不然你人怎么会在这儿呢?"

103) 'And be quick about it,' added the Hatter, 'or you'll be asleep again before it's done.'

那帽匠又加一句道,"而且要快一点儿讲,不然你没讲完,回来又睡着嘞。"

104) 'Shall we try another figure of the Lobster Quadrille?' the Gryphon went on. 'Or would you like the Mock Turtle to sing you a song?'

那骨敕凤又道,"咱们再来一出龙虾跳舞,好吗?不然,就请素甲鱼再唱个歌儿给你听,还是怎么样?"

105) 'You *must* remember,' remarked the King, 'or I'll have you executed.'

那皇帝道,"你一定记得,不然我就叫他们杀掉你。"

106) 'If you didn't sign it,' said the King, 'that only makes the matter

worse. You *must* have meant some mischief, <u>or else</u> you'd have signed your name like an honest man.'

那皇帝道,"要是你没有签名,这罪更大。你一定是因为要做什么坏事,<u>不然</u>你为什么不象一个好好的诚实的人把名字签在上头?"

107) 'Give your evidence,' the King repeated angrily, 'or I'll have you executed, whether you're nervous or not.'

那皇帝道,"说出你的证据来,<u>要不然</u>就无论你害怕不害怕,总归要把你杀掉。"

108) Never imagine yourself not to be otherwise than what it might appear to others that what you were <u>or</u> might have been was not otherwise than what you had been would have appeared to them to be otherwise.

再不要以为你自己不是对于别人所见的以为你从前的情形或是你<u>不然</u>也许会有过的情形相差的不是对于你所做过的对于他们似乎不同的样子。[①]

例100)中"不然""或者""也许"三者之所以能连用,可以认为是因为三者语义相近,因此可以认为"不然"是析取关系标记。这些例子中的"or"实际上与"or else"意思相同,如例106)。这些"or"在不同程度上表达了3.3.1小节中所归纳的"or"这一单词的"威胁/建议"或"解释证明"的义项。其中,例101)、例102)、例103)、例106)中的"or"表示"解释证明",例105)和例107)中的"or"表示"威胁/建议"。

但是,例100)、例104)和例108)中的"or"很难说是"威胁/建议"或"解释证明",只能说是表达了一般的选择关系。恰恰这三个例子说明,"威胁/建议"或"解释证明"的义项与表示选择关系的义项之间没有截然的界限,前者是后者在语言运用过程中引申出来的。以表示"威胁/建议"的例105)为例,"You *must* remember"和"I'll have you executed"这两个析取支在事理上的可接受性不一样,谁也不想被杀掉,后面这个析取支的可能性被封闭,因而只能选择前面的析取支,从而产生了威胁的含义。有趣的是,选择可能性低的析取支一般摆在后面,较为积极有利的析取支通常摆在前面。这可以用保罗·格莱斯(Paul Grice)的合作原则来说明。为了表明合作态度,更有效地传递自己所要

---

① 这一句子很长且不加标点,理解不易,是原文作者由于情节需要故意设置的,因此不具有典型性,列在这里只是为了穷尽显示相关的检索结果。

表达的信息,威胁者最好先表述对听话者有利的析取支,然后再表述含有威胁的析取支内容。值得指出的是,对听话者有利的析取支未必是肯定的,有时也可以用否定小句来表达,如:"Not another move, or I'll shoot!"

与上面例 100)至例 108)中的"or"的意思相近的还有相当于"if not"的"unless"这一连词。那么能否将这一连词看作析取关系标记?

逻辑学家认为,如果把 unless 看作析取关系标记,用命题逻辑刻画自然语句时就会更加简洁。例如,在 Hurley(2012:313)看来,"You won't graduate unless you pass freshman English.""Either you pass freshman English or you won't graduate."和"If you don't pass freshman English, then you won't graduate."这三句话是等值的。Copi 和 Cohen (1990:262)也持相同的看法,他们认为"The picnic will be held unless it rains.""Unless it rains the picnic will be held."和"Either the picnic will be held or it rains."三者均可符号化为 P∨R。

尽管如此,我们仍不能忽视上段中两组句子之间的区别,不能用真值上的可置换关系掩盖自然语言中的实际丰富含义,因此不能把相当于"if not"的"unless"简单地看作析取关系标记。观察平行语料库检索结果,我们也发现"unless"很少对译成汉语中典型的析取关系标记,更多的是表达条件关系。相关语料库检索结果如下:

109) The executioner's argument was, that you couldn't cut off a head unless there was a body to cut it off from:
那个刽子手的理由是说,要是没有个身子可以把头从它上杀下来的,那就无头可杀;

110) 这儿有你的吃,有你的穿;非去出臭汗不过瘾是怎着?
There's food and clothing for you here, but you can't be happy unless you're sweating like a pig, is that it?

111) 呕! 不出臭汗去,心里痒痒,你个贱骨头!
I see! You just don't feel right unless you stink of sweat, you miserable wretch.

112) 他们花着房钱,可是永远没人来修补房子;除非塌得无法再住人,才来一两个泥水匠,用些素泥碎砖稀松的堵砌上——预备着再塌。
They paid rent, but no one ever came to make repairs on their rooms, unless, that is, they were no longer livable. Then a couple of brick masons would come by to patch them up with mud and

broken bricks, which would last until the next time they crumbled.

113) 除了必须开口,他简直的不大和人家过话。

He didn't speak <u>unless</u> he had to.

114) 把东西卖掉,到用的时候再去买;假若没钱买呢,就干脆不用。

He'd buy those things again if the need arose, <u>unless</u> he didn't have the money; in that case, he'd simply do without.

115) 他又恢复了他的静默寡言。一声不出的,他吃,他喝,他搞坏。

He reverted to his tight-lipped ways, never speaking <u>unless</u> he absolutely had to. He ate, he drank, and he made mischief.

116) 'It must have been that,' said the King, '<u>unless</u> it was written to nobody, which isn't usual, you know.'

那皇帝道,"自然一定是写给谁的咯。<u>不然</u>就变了一封不写给谁的信,这个不大有的,你知道。"

例 109)至例 113)中,与"unless"对应的汉语形式分别是"要是没有""非""不""除非""除了",显然这些均不表示析取关系。例 114)中的"unless"是翻译转换而来的,即先在分号前的第一个分句前加上"假若有钱买呢",然后再进行英译。也就是说,先把整句话补充成"[假若有钱买呢,]把东西卖掉,到用的时候再去买;假若没钱买呢,就干脆不用",然后再进行英译,即将"假若有钱买呢"英译成"unless he didn't have the money"。后一分句中的"in that case"就是指"he didn't have the money"这种情况,也就是"没钱买"。由于"unless"是"if not"的意思,可以说,例 114)中"unless"表达的是"假若不是没有钱买"中的"假若不是"。因此,例 114)也不表达析取关系。例 115)中的"unless"引导的小句是译者根据原文意思增益补充的。例 116)中的"unless"相当于"or else",解释证明前一分句的合理性,可以认为是析取关系标记,但把它认为是条件关系标记也说得通。

从上述 8 个例子中可以看出,虽然在逻辑上可以认为"unless"与"or"等值,但一般凸显的是蕴涵关系。所以,我们最好不要把"unless"看成是析取关系标记。事实上,在英语语法著述中,我们也没有找到把"unless"看作析取关系标记的做法。

5.2.4　蕴涵关系与析取关系

综合 5.2.2 和 5.2.3 两小节的讨论,我们可以看出,"不是……就是……"

和"不然""要不""要不然"都可以表达析取关系,其逻辑基础都在于 p∨q 和 ¬p→q 之间的等值性。不过,两者是有区别的。区别之一在于,前者的两个析取支顺序往往是可以调换的,而后者常常因在语用上传达了威胁/建议或解释证明的含义而不可换位。区别之二在于,前者虽然可以扩展包含三个以上的析取支,但意在强调对析取支范围的穷尽性,而后者无此意味,只着重虚拟反推。也正因为这样,在对应的英文中,除了共同的"or"之外,前者可以用"either… or…"来对应,而后者可以用"or else"来对应。

"或"与"则"的等值置换,极大地丰富了不同语言表达析取关系的方式,但不同语言会有不同的偏爱。在英语本族语者看来采用蕴涵形式的"不是……就是……"在汉语中表达的却是析取关系。而英语中典型的析取关系标记"or"的某些义项,如"威胁/建议",在汉语本族语者的语感中,则常常相当于表达蕴涵关系的"不然""要不""要不然"等。可以说,汉语比英语更偏爱使用蕴涵关系的形式来表达析取关系的语义。陈慕泽和余俊伟(2011:81-82)也指出,相同的意思,英语有时习惯于用"或"表达,汉语习惯于用"则"表达。如:"now or ever",直译为"现在或从此未有",用"则"替代"或",表达为"如果并非现在,则从此未有"(机不可失),这是汉语的表达习惯。再如,"liberty or death",直译为"自由或死",用"则"替代"或",表达为"如果不自由,则死"(不自由毋宁死)。

不过,需要强调的是,用析取还是蕴涵的形式来表达析取关系,最终需要通过本族语者的语感来判断。我们认同在 3.3.2 小节中所引述的叶斯柏森的观点,必须强调本民族的语感,不能用具有确定性的命题逻辑中的真值语义关系去代替自然语言中丰富的语义关系。

5.3 "或""与"转换

"或""与"转换可以发生在语内,即同一意思用合取和析取形式表达均可,也可发生在语际对译过程中,即源语中的"或"或"与"被转换成译语中的"与"或"或"。本节只考察语际对译的情形。如果考虑翻译的方向和转换的方向,"或""与"转换共有如表 27 所示的四种可能。

如果将原创文本和翻译文本合并讨论,则只有两种组合的情况,即汉"或"英"与"、英"或"汉"与"。严格说来,英"或"汉"与"这种情形不属于本章标题所标示的汉语析取关系标记显性存在时的英汉对译情况,与汉"或"英"与"摆在一起讨论,是因为两者均属于"或""与"转换,有相似性。下面将分别讨论。

表 27　"或""与"转换的四种可能

	英译汉	汉译英
"或"转换为"与"	+	+
"与"转换为"或"	+	+

5.3.1　汉"或"英"与"

汉"或"英"与"这种情形在析取关系句对库中共找到 14 例,而且全部来自汉译英,即汉语中的析取关系到英语中变成了合取关系。为便于分析,现将所检索到的 14 个例子分为以下三组进行讨论。

第一组

117) 他被大兵们拉到山上去的时候,顾不得看谁是排长,还是连长。

When the soldiers dragged him up into the mountains, he hadn't paid the slightest attention to who was a platoon leader and who was a company commander.

118) 被撤差的巡警或校役,把本钱吃光的小贩,或是失业的工匠,到了卖无可卖,当无可当的时候,咬着牙,含着泪,上了这条到死亡之路。

Laid-off policemen and school janitors, peddlers who have squandered their capital, and out-of-work laborers who have nothing more to sell and no prospects for work grit their teeth, swallow their tears, and set out on this road to oblivion.①

---

① 从事理上判断,"卖无可卖,当无可当"的逻辑主语应该是前面提到的巡警或校役、小贩、工匠。就此而言,葛浩文的英译是有缺陷的,他将"卖无可卖,当无可当"的主语归结为"失业的工匠"显然是误解。施晓菁的译文是:"When policemen, school janitors and cleaners are dismissed and bankrupt peddlers or unemployed artisans have nothing more to sell or pawn, they grit their teeth and with tears in their eyes take this last desperate step, knowing it to be a dead end."她把小贩和工匠当作"卖无可卖,当无可当"的主语,也是不准确的。珍·詹姆斯的译文是:"They were fired clerks or dismissed policemen, small-time merchants who had lost their capital, or workmen who had lost their jobs. When the time came when they had nothing left to sell or pawn, they gritted their teeth, held back their tears, and set out on this death-bound road."该译文正确地点明了"卖无可卖,当无可当"的主语是巡警或校役、小贩、工匠。不同的译者理解不同,所用的句式不同,析取关系的翻译处理也就会出现不同的情形,这一点是非常值得注意的。

119) 欢喜或忧惧强迫着人去计划，布置；

Happiness and worries forced people to plan and make arrangements.

120) 在这里人们是真哭或真笑，并不是瞎起哄。

The wails and joyful outbursts were genuine, not an act.

121) 一场雨，也许多添几个妓女或小贼，多有些人下到监狱去；大人病了，儿女们作贼作娼也比饿着强！

A rainstorm added to the number of prostitutes and thieves and increased the prison populations; better for the children of the sick to turn to these vices than starve.

122) 只有那顶小的孩子才把屁股冻得通红的在院里玩耍或打架。

Only the very youngest were free to play and tussle in the compound, their bare bottoms turned red by the freezing air.

123) 长老了的虱子——特别的厉害——有时爬到老人或小儿的棉花疙疸外，领略一点春光！

Lice that had survived the winter were especially savage; they crawled out of the padded clothes worn by the very old and the very young to get a taste of spring.

124) 大家请他加入打几圈儿牌，他不肯说精神来不及，而说打牌不痛快，押宝或牌九才合他的脾味。

When his guests invited him to join them in a game of mahjong, he declined, though, insisting that a lack of stamina had nothing to do with it. No, he said, dice games and pai gow were more to his liking, …

125) 可是他们还不如东交民巷的车夫的气儿长，这些专拉洋买卖的讲究一气儿由交民巷拉到玉泉山，颐和园或西山。

But even they are no match for their long-distance brethren in the Legacy Quarter, who take passengers from the diplomatic sector all the way to the Jade Fountain, the Summer Palace, and the Western Hills.

这一组例子的共同点在于汉语原文的意思可以用"不论(/不管/无论)是……还是……都……"来改写。例 117)可改写为"……不论是排长还是连长，都顾不得看"。例 118)可改写为"不论是被撤差的巡警或校役，把本钱吃光的小贩,还是失业的工匠,到了卖无可卖,当无可当的时候,都要咬着牙,含着泪,上了这条到死亡之路"。例 119)可改写为"不论是欢喜还是忧惧,都强迫着人去计划,布置"。例 120)可改写为"在这里人们不论是哭还是笑,都是真的,并不是瞎起哄"。例 121)可改写为"一场雨多添的几个,不论是妓女还是小贼,都是多有些人下到监狱去的,……"。例 122)可改写为"……不论是玩要还是打架,都把屁股冻得通红的"。例 123)可改写为"……不论是爬到老人的棉花疙疸外,还是爬到小儿的棉花疙疸外,都为了领略一点春光"。例124)可改写为"……不论是押宝还是牌九,都合他的脾味"。例 125)可改写为"……不论是拉到玉泉山,拉到颐和园,还是拉到西山,都讲究一气儿"。如上的改写读起来不够自然,但基本上说得通,意思并没有根本的变化。"不论(/不管/无论)是……还是……都……"这样的句式表示条件或情况不同而结果不变。因为结果不变,所以这不同的条件或情况可以不做区别,统一处理。正是这一点,为英译成"and"提供了可能性。

第二组

126) 大家争着告诉他去买什么药,或去找哪个医生。谁也不觉得这可耻,……

His friends eagerly gave advice on which drugs to use and which doctor to go to, none of them seeing anything shameful about his predicament.

127) 东便道上有一大块阴影,挤满了人:老幼男女,丑俊胖瘦,有的打扮得漂亮近时,有的只穿着小褂,都谈笑着,盼望着,时时向南或向北探探头。

People filled a large patch of shade on the east side of the street, shoulder to shoulder—young and old, male and female, the ugly and the handsome, the fat and the skinny, some dressed with a modern flair, others in traditional mandarin jackets, but all chatting and smiling with keen anticipation and casting frequent glances to the north and south.

128) "车口儿"上,小茶馆中,大杂院里,每人报告着形容着或吵嚷着自己的事,而后这些事成为大家的财产,像民歌似的由一处传到一处。

At rickshaw stands, in teahouses, and in tenement compounds, the men discussed, described, and argued about their lot, until these things became public property, like popular songs passing from mouth to mouth and place to place.

第二组句对的共同点在于主语全是复数形式的主体,谓语则分述各种情形,因而可以用"有的……有的……"来改写。例 126)可改写为"有的争着告诉他去买什么药,有的争着告诉他去找哪个医生……"。例 127)可改写为"……有的时时向南探探头,有的时时向北探探头"。例 128)可改写为"……有的报告着自己的事,有的形容着,有的吵嚷着自己的事……"。分述各种情形,毕竟以复数的主体这一整体为参照,当我们强调"his friends""people""the man"这些复数概念的整体时,部分情形的区分就变得不那么重要了,此时译为"and"也就有了合理性。

第三组

129) 跑过几趟来,把腿蹓开,<u>或者</u>也就没事了。

A few more hauls to limber up his legs <u>and</u> he'd be back.

130) 不是那些衣服,也不是她的模样,而是一点什么态度<u>或</u>神味,祥子找不到适当的字来形容。

It wasn't her clothes or her looks; no, it had more to do with her attitude <u>and</u> her behavior, though Xiangzi had trouble putting it into words.

这一组的两个例子较为特殊,很难归类,跟翻译处理有较大关联。例 129)中的"或者"是"也许"的意思。可以说,英译中的"and"之后省略了"perhaps"。"and"之前的小句表示条件,后面的小句表示结果。而汉语原文则采用意合法来连接,没有出现相当于"and"的连接词。例 130)英译使用了"and",跟前面的"had more to do with"有极大关系,"and"所连接的"attitude"和"behavior"都是受"had more to do with"支配的。不过,英译所表达的意思在字面上与原文有距离,译者做了灵活处理。

5.3.2 英"或"汉"与"

在这一小节中,我们讨论英语中的析取关系在英汉对译过程中被转换成了汉语中的合取关系。根据语料库检索的结果,分为两组进行讨论。

先看第一组:

131) Alice started to her feet, for it flashed across her mind that she had <u>never</u> before seen a rabbit with <u>either</u> a waistcoat-pocket, <u>or</u> a watch to take out of it.

登时就站了起来，因为阿丽思心里忽然记得她从来没有见过兔子有背心袋的，并且有只表可以从袋里摸出来的。

132) 一见这样的服装，别的车夫不会再过来争座与赛车，他们似乎是属于另一行业的。

One sight of this attire keeps other pullers from competing for fares or trying to race them. They might as well be engaged in a trade all their own.

133) 若是他就是这么死去，就是死后有知，他也不会记得自己是怎么坐下的，和为什么坐下的。

If he were to die yet retain memory after death, he would be unable to recall how he'd come to be sitting on the ground, or why.

134) 他对她，对自己，对现在与将来，都没办法，仿佛是碰在蛛网上的一个小虫，想挣扎已来不及了。

Feeling lost, he could not deal with her, with himself, with the present, or with the future; like an insect caught in a spiderweb, to struggle was futile.

135) 没等祥子和高妈过一句话，扯着他便往里走，指着门房："你在这儿住？"

Before either Xiangzi or Gao Ma had a chance to react, he pulled Xiangzi in with him. "Is this where you live?" he asked as he pointed to the gatehouse.

136) 他认识那些桌椅，可是对火炉，菜案，与鸡毛掸子，又觉得生疏。

He'd seen the furniture before but not the stove, the cutting board, or the feather duster.

137) "我不愿意闲着！"他只说了这么一句，为是省得费话与吵嘴。

"I can't sit around doing nothing" was all he said. Best to avoid wasting breath or getting into an argument.

138) 一冬天，她们没有见过太阳与青天。

They did not see the sun or blue sky all winter long.

139) 及至他拉上了个好座儿，他的腿不给他的车与衣服作劲，跑不动！

When he did get a good fare, his legs were incapable of matching his rickshaw or attire. He could barely run, …

140) 这样,倒省了衣裳与脂粉;来找她的并不敢希望她打扮得怎么够格局。

She could stop worrying about nice clothes or cosmetics, for no one who paid so little could expect much in the way of appearances.

141) 他似乎看透了拉车是怎回事,不再想从这里得到任何的光荣与称赞。

It was as if he'd figured out what this business of pulling a rickshaw was all about and had abandoned any thoughts of gaining glory or praise from it.

142) 她很年轻,至多也就是二十二三岁,可是她的气派很老到,绝不像个新出嫁的女子,正像虎妞那样永远没有过少女的腼腆与温柔。

She was young, no more than twenty-two or -three, but she had the airs of an older woman, not those of a recent bride. Like Huniu, it seemed, she'd never known a time of girlish modesty or gentleness.

143) 祥子忘了是往哪里走呢。他昂着头,双手紧紧握住车把,眼放着光,迈着大步往前走;只顾得走,不管方向与目的地。

Xiangzi had forgotten where he was headed as he strode forward, head high, both hands gripping the shafts, eyes blazing, mindless of direction or destination.

144) 虽然他始终没作出使人佩服与满意的事,可是人们眼瞧着他吃了枪弹,到底可以算不虚此行。

He hadn't done anything admirable or satisfying, but at least the people could see him take a bullet, and that alone would make the trip worthwhile.

145) 那较重的红伞与肃静牌等等,他都不肯去动。

He refused to hoist the heavy red parasols or solemn tablets.

这一组共有 15 个句对,只有例 131)来自英译汉,其余全部来自汉译英。这些句对的共同点在于英汉语句子表达的都是语义上否定的情形。为清眉目,现将这些情形列于表 28。

表 28　英"或"汉"与"中析取关系标记与否定标记的共现情形

例子编号	汉语否定标记	汉语合取关系标记	否定标记在前	英语否定标记	英语析取关系标记	否定标记在前
131	没有	并且	是	never	either… or…	是
132	不会	与	是	keeps… from	or	是
133	不会	和	是	unable	or	是
134	没	与	否	not	or	是
135	没	和	是	Before	either… or…	是
136	生疏	与	否	not	or	是
137	省得	与	是	avoid	or	是
138	没有	与	是	not	or	是
139	不	与	是	incapable	or	是
140	省了	与	是	stop	or	是
141	不再	与	是	abandoned	or	是
142	没有	与	是	never	or	是
143	不	与	是	mindless	or	是
144	没	与	是	n't	or	是
145	不肯	与	否	refused	or	是

在表 28 中,"否定标记"这一名称是在意义否定或消极这一点上使用的。否定性或消极性的词语构成了句子的否定性语境,这些词语一般来说出现在合取关系之前,但是也有出现在析取关系标记之后的,如例 134)、例 136)和例 145)。

在这一组例子中,为何会出现英"或"汉"与"的情形? 为便于讨论,我们以较为简短的例 138)为例加以分析。从语义上讲,这个例子中的汉语原文表达的意思是"一冬天,她们既没有见过太阳,也没有见过青天"。其中"既没有见过太阳,也没有见过青天"可以用命题逻辑的符号改写为"¬见过太阳∧¬见过青天"。根据德·摩根定律(De Morgan's laws)[①],¬p∧¬q 可以等值转换

---

① 根据德·摩根定律,合取命题的否定与合取支命题否定的析取等值,析取命题的否定与析取支命题否定的合取等值,即 ¬(p∧q)≡¬p∨¬q,¬(p∨q)≡¬p∧¬q。具体内容可参见 http://en. wikipedia. org/wiki/De_Morgan's_laws。

为 ¬(p∨q),"¬ 见过太阳∧¬见过青天"这一表达式与"¬(见过太阳∨见过青天)"等值,翻译成英语就成了采用"not… or…"这一框架的"did not see the sun or blue sky"。

　　上段的论述在逻辑演算上是合理的,但是存在缺陷,即需要解释"一冬天,她们既没有见过太阳,也没有见过青天"这一意思为何可以用"一冬天,她们没有见过太阳与青天"这样的形式来表达。一种较为直观的解释是,认为在"青天"之前省略了"没有见过",即"一冬天,她们没有见过太阳与(没有见过)青天"。还有一种解释是,在汉语中,如果合取与否定共现,则倾向于优先解读合取关系,将其看作处于否定的辖域内的整体,然后用否定词对其做出一次性的整体否定。对整体的否定,也就相当于对部分的否定之和。当然这种解释是初步的,需要进一步探讨。

　　再看下面第二组:

146) besides all this, there was generally a ridge or furrow in the way wherever she wanted to send the hedgehog to, and, as the doubled-up soldiers were always getting up and walking off to other parts of the ground.

不但如此,而且阿丽思看见从一个刺猬的地方打到一个门的地方,当中总有几道土堆和土沟挡着,那些做门的兵又时时站站不耐烦了,起来走到别处去。

147) 若找不到这点资本,便结伴出城到护城河里去洗澡,顺手儿在车站上偷几块煤,或捉些蜻蜓与知了儿卖与那富贵人家的小儿。

If no money was to be found, they'd go in groups down to the moat for a bath, stopping along the way to pilfer a few lumps of coal at the train station or catch dragonflies or cicadas to sell to the children of the rich.

148) 爱与不爱,穷人得在金钱上决定,"情种"只生在大富之家。

Love or no love, for a poor man, money talks. Lasting love can sprout and grow only in the homes of the rich.

149) 在拐弯抹角和上下坡儿的时候,他特别的小心。

He was careful when he took corners or negotiated a slope, up or down.

150）再说，夏太太所去的地方不过是东安市场与中山公园什么的，拉到
之后，还有很大的休息时间。

Even better, she confined her trips to the East Gate Market or
Sun Yat-sen Park, which gave Xiangzi plenty of time to rest.

这一组例子中的汉语，同 5.3.1 中的第一组例子类似，都可以用"不论
（/不管/无论）是……还是……都……"来改写。例 146）中，不论是土堆还是
土沟，都起着挡着的作用。例 147）中，不论是捉到了蜻蜓还是捉到了知了儿，
都可以卖给那富贵人家的小儿。例 148）中，对穷人来说，不论是爱还是不爱，
都得在金钱上决定。例 149）中，不论是在拐弯抹角的时候还是在上下坡儿的
时候，他都特别的小心。例 150）中，不论夏太太去东安市场还是去中山公园，
拉到之后都有很长的休息时间。

如果上段对例 146）至例 150）的解释成立，那么根据吕叔湘主编的《现代
汉语八百词》增订本对"和"字的解释（1999：266），"和"作连词用时的第二个义
项是：

> 表示选择，相当于"或"。常用于"无论、不论、不管"后。
> 无论在数量～质量上都有很大的提高｜不管是现代史～古代史，我们
> 都要好好地研究｜去～不去，由你自己决定

在"无论、不论、不管"后的"和"相当于"或"，因此英译成"or"也就顺理成
章了。说到底，"不论（/不管/无论）是……还是……都……"表示不同条件或
情形下结果相同。结果相同，致使区分不同条件或情形的必要性大大降低，因
而可以作为一个整体统一处理，此时合取关系与析取关系就有了置换的可能。

5.4 "或""有"转换

"或""有"转换是指析取命题和特称命题之间的转换。本节主要讨论汉语
特称命题与英语析取命题在对译过程中的转换问题。这里的"有"是指"有的"
"有时候""一会儿"，其中"一会儿"是"有时候"的近义词，只不过时长上更加短
暂而已。

5.4.1　两类语言事实

一般说来,"或""有"转换似乎并不是很常见,但是事实上不仅存在这种转换,而且值得深入探讨。语料检索结果显示有"有的""有时候""一会儿"英译为"or"和"或是"英译为"one""the other"两类情形。

下面先看"有的""有时候""一会儿"英译为"or"的各类语例。

"有的"译为"or":

151) 拉车的人们,明知不活动便没有饭吃,也懒得去张罗买卖:有的把车放在有些阴凉的地方,支起车棚,坐在车上打盹;有的钻进小茶馆去喝茶;有的根本没拉出车来,而来到街上看看,看看有没有出车的可能。

Even knowing they wouldn't eat if they weren't out running, men who pulled rickshaws could not muster the energy to take on fares. Some parked their rickshaws in the shade, raised the rain hoods, and dozed, while others escaped the heat in teahouses or came out without their rickshaws to see if there was any reason to work that day.

152) 一句话不对路,有的便要打孩子,有的便要打老婆;即使打不起来,也骂个痛快。

One careless word could easily lead to a beating—children or wives, it made little difference—or at the very least an angry outburst.

例 151) 中,汉语原文三个"有的"平列连用的"有的……有的……有的……"被英译成"Some… others… or…",英译文将后面两个"有的"引导的情况用"or"连接起来。例 152) 中"有的……有的……"虽然是分述情况,但是并不是很重要,因为不论是打孩子,还是打老婆,都是打。

"有时候"译为"or":

153) 他们会给办红白事的去打执事,会去跟着土车拾些碎铜烂纸,有时候能买上几个烧饼,有时候只能买一斤麦茬白薯,连皮带须子都吞了下去,有时候俩人才有一个大铜子,只好买了落花生或铁蚕豆,虽然不能挡饥,可是能多嚼一会儿。

So they began running errands at weddings and funerals and digging in garbage carts for scrap iron and paper they could sell for a few flatbreads <u>or</u> some sweet potatoes，which they'd gobble down，skins，roots，and all. If all they managed to earn was a small coin，they'd spend it on peanuts or broad beans，not enough to stave off hunger but something to chew on at least.

154）天已很暖，柳枝上已挂满嫩叶，他<u>有时候</u>向阳放着车，低着头自言自语的嘴微动着，<u>有时候</u>仰面承受着阳光，打个小盹；除了必须开口，他简直的不大和人家过话。

The weather was already quite warm and the willows were bright with tender green leaves. <u>Sometimes</u> he pulled his rickshaw into the sun and sat with lowered head，his lips moving slightly，<u>or</u> turned his face up to the sunlight and dozed for a while. Unless obliged to，he hardly spoke to a soul.（施晓菁译）

例153）汉语原文中，三个"有时候"平列连用分述各种情形，英译文把前两个"有时候"表述的情况用"or"连接。例154）的英译将第二个"有时候"替换为"or"，此时汉语原文中的"有时候……有时候……"被转换为"Sometimes…or…"。

"一会儿"译为"or"：

155）他<u>一会儿</u>啪啪的用新蓝布褂子抽抽车，<u>一会儿</u>跺跺自己的新白底双脸鞋，<u>一会儿</u>眼看着鼻尖，立在车旁微笑，等着别人来夸奖他的车，然后就引起话头，说上没完。

<u>One minute</u> he'd dust off his rickshaw with a new blue whisk，<u>the next</u> he'd stomp his white-soled shoes on the ground <u>or</u> stare at the tip of his nose and stand there with a smile，waiting for someone to come up and admire his rickshaw. An endless conversation would begin immediately.

例155）的英译用"or"将原文后两个"一会儿"表述的情形连接起来，原文三个"一会儿"平列连用的"一会儿……一会儿……一会儿……"被处理成"One minute… the next… or…"。

上述语料实例全部来自汉译英,但是经过检索并没有在英译汉语料中找到类似的情形,即把"or"汉译处理成"有的""有时候"或"一会儿"。扩展检索其他译本,仅找到"or"译为"一会儿"的下面一个例子:

156) and in a very short time the Queen was in a furious passion, and went stamping about, and shouting'Off with his head!' or 'Off with her head!' about once in a minute.

没多久,王后暴跳如雷,跺着脚,<u>一会儿</u>喊"砍掉他的脑袋",<u>一会儿</u>又喊"砍掉她的脑袋"。(王永年译)

在例 156) 中,英语原文的"or"翻译成汉语时,用"一会儿……一会儿……"来表达,王后不可能同时喊出"砍掉他的脑袋"和"砍掉她的脑袋",只能交替进行。"or"译为"有的""有时候"这种情形在逻辑上是可能的,只是在语料中没有出现。这可能跟汉译时受英语原文影响有关。

以上实例语料表明,汉语中的"有的""有时候""一会儿"确实在某些情况下可以英译为典型的析取关系标记"or"。

此外,含有"或是"的汉语原文在英译文中有时也可以借助"one""the other"等词语来分述。例如:

157) 这一派哥儿们的希望大概有两个:<u>或是</u>拉包车;<u>或是</u>自己买上辆车,有了自己的车,再去拉包月或散座就没大关系了,反正车是自己的。
This group of running brothers has two ambitions: <u>one</u> is to land a job as a private hire; <u>the other</u> is to buy one's own rickshaw, to own one outright. Then it makes no difference if they get paid by the month or pick up odd fares, since the rickshaws are theirs.

在例 157)中,由于总述情况时用了"两个"这个词,英译时将分述的两个内容分别由"one"和"the other"来引导,显得较为自然。而汉语原文则用两个"或是……"将分述的两个内容贯串起来,并且"或是"所体现出来的不确定性与总述时的"大概"这个词相呼应。

5.4.2　交替性选择与析取关系

上一小节中提及的两类语言事实,可以用"交替性选择"这一概念来概括。交替性选择(邢福义,2001:245-246)是指,所说的情况或者同时在不同对象身上交替发生,或者先后在同一对象身上交替发生,前者有"有的"的意思,后者有"有时"的意思。5.3.1 小节中第二组例 126)至例 128)以及上一小节中例

151)和例152)可以说是,所说的情况同时在不同对象身上交替发生。在例153)至例156)中,所说的情况先后在同一对象身上交替发生。

需要指出的是,析取关系可以表达交替性选择,但是交替并不一定要借助析取形式来表达。例如:

158) 走一会儿,坐一会儿,他始终懒得张罗买卖。一直到了正午,……

After walking awhile, he sat to rest, too lazy to look for fares, all the way to noon.(葛浩文译)

Walking and resting by turns, he wandered about until noon without the energy to solicit fares.(施晓菁译)

He walked a while and sat a while. He was much too listless to look for business and still didn't feel hungry when noon came.（珍·詹姆斯译)

Walking a while, resting a while, he was from first to last without the energy to hunt for a fare.(伊万·金译)

在上例中,"走"和"坐"显然是交替进行的,但是四处译文中没有一个译者采用析取的形式来对译。

5.4.3 "或""有"转换的理据探源

吕叔湘曾简明扼要地指出:"就总和和部分的关系说,'或甲或乙'是分称;就甲乙之间的关系说,'甲或乙'是交替。"(1990:346)吕叔湘是针对析取关系标记"或"而做出这句评论的,但是它所揭示的道理却同样适用于"或""有"转换的种种情形。5.4.2小节中的交替性选择正是就甲乙之间的关系而言的。5.4.1小节中的两类语言事实,与总和和部分的关系紧密相关。

当表达部分而非总和时,汉语需借助"有"这个动词,进而演化为"有的"和"有时候","一会儿"虽不包含"有"但可以认为是"有时候"的变体。原因在于,汉语里没有相当于表示部分的"some"的词语,"some men tell the truth"的正常汉译是"有的人说真话"。这里,"有"相当于"has"或"there is","的"是一个表从属关系的后缀词。因此,"有的人"意为"men that there are"。换言之,"some men tell the truth"用汉语表达就相当于"There are men who tell the truth"(赵元任,2002:804)。

可以说,"有的"表示整体中的某些人,"有时候""一会儿"表示某段时间中的部分时长,"有的""有时候""一会儿"均涉及部分与整体的关系。整体由不同的部分组成,部分之间的不同对整体而言具有不确定性。具有不确定性,也就具有了表达为析取关系的可能。这一观点可以用典型的不确定性标记"也许……也许……"的英译处理方法来加以佐证。

"也许……也许……"可以译为表达析取关系的"or",例如:

159) 这<u>也许</u>是他的经验少,<u>也许</u>是世界上连这样的人也不多见。

<u>Maybe</u> he was being naive, <u>or maybe</u> there were simply too few such people in society.(葛浩文译)

… <u>either</u> from inexperience <u>or</u> because such people are rarely seen in the world.(施晓菁译)

This might have been because his experience was limited <u>or</u> simply because you don't see many men like Mr. Ts'ao in the world.

(珍·詹姆斯译)

Perhaps this was because he lacked experience, <u>or perhaps</u> because even men of Mr. Ts'ao's calibre are rarely seen in the world.(伊万·金译)

160) 姑妈的报告只是这一点,她的评断就更简单:老头子<u>也许</u>真出了外,<u>也许</u>光这么说说,而在什么僻静地方藏着呢;谁知道!

That was all the aunt could tell her. <u>Maybe</u>, she added, he really is off somewhere, <u>or maybe</u> it was all talk and he's lying low somewhere, who knows?

"也许……也许……"可以译为相当于"有的……有的……"的"some … others …",例如:

161) 这派的车夫,<u>也许</u>拉"整天",<u>也许</u>拉"半天"。

<u>Some</u> of these brothers work a full day, <u>others</u> only half a day.

"也许……也许……"可以译为相当于"有时候……有时候……"的"sometimes … sometimes …",例如:

162) 老人们无衣无食,躺在冰凉的炕上,干等着年轻的挣来一点钱,好喝碗粥,年轻卖力气的<u>也许</u>挣得来钱,<u>也许</u>空手回来,回来还要发脾气,找着缝儿吵嘴。

The old folks, hungry and in need of warm clothing, lay on their ice-cold brick beds, waiting for their younger kin to bring home a bit of money so they could eat. <u>Sometimes</u> their wait was rewarded，<u>sometimes</u> not. If they returned empty-handed，the angry young men were just looking for an excuse to start an argument.

从例 159)到例 162)这 4 个例子中，我们可以看出"有的""有时候"确实与"or"类似，都可以表达不确定性。

从哲学上讲，"或""有"转换是源于对整体-部分复合体（whole-part complex）与可能性之间的关系的考量。斯科特·布坎南（Scott Buchanan）在 1927 年出版了《可能性》（*Possibility*）一书。[①] 该书指出，从组成部分和部分之间的关系来看，可以区分出个别整体（individual whole）和可变整体（variable whole），大致对应于有时所谓的真实整体和概念整体。个别整体是具体的，它的每个部分都是特别规定的，现实性正是建基于此。可变整体的每个部分在某种限度内都是可变的，只有这些部分之间的关系是稳定的。在这种整体中，部分是内容，部分之间的不变关系是形式。从这一意义上说，可变整体是一个可能性的整体，可以由于部分不同而不同。可变整体与个别整体的关系是一种分析性等值关系，将可变整体分析为个别整体时就产生了可能性的概念。说到底，可能性是将整体分析成部分的调节性观念，部分只是相对于各自整体的可能性或潜势。（Buchanan，1927：81-84）从上述论述可以看出，"或""有"转换之所以可能，是因为整体-部分复合体与可能性之间存在密切的关系。

5.5 小 结

本章主要讨论了汉语析取关系标记显性存在时的英汉对译情况，分"或""or"对译、"或""则"转换、"或""与"转换、"或""有"转换四种情形进行了讨论。在讨论"或""or"对译时，重点回答以下三个值得注意的问题："或"能否引导第一个析取支？"或"能否用于疑问句、否定句和无条件句？"还是"能否用于陈述句？另外，汉语中的"或"类析取关系标记与英语中的"or"都可以表示措辞更新的语义。在讨论"或""则"转换的逻辑基础之后，主要讨论了"不是……就

---

① 该书曾被约翰·杜威（John Dewey）誉为"重要的人类知识成就"（significant intellectual achievement）。详见 http://en.wikipedia.org/wiki/Scott_Buchanan。

是……""不然""要不""要不然"这些以蕴涵形式来表示的汉语析取关系标记，而英语中的析取关系标记"or"也可表达蕴涵关系这种逻辑语义。在讨论"或""与"转换时，我们分类描写了两者发生转换的实际句对。在讨论"或""有"转换时，我们结合语料讨论了析取命题与特称命题互相转换在汉语中的体现，并简要讨论了两者转换的哲学基础。

第6章 语料考察(下)

——汉语析取关系标记隐性存在时的英汉对译情况

命题联结词是命题逻辑的核心内容,用自然语言表达命题时,命题联结词一般必须出现。王路(2004:9-10)曾评论说,与合取命题不同,表示析取命题的析取词一般一定要出现。如果不出现,析取命题和合取命题很容易造成混淆。比如"签字盖章"是叫我们既签字又盖章呢,还是允许我们随意做一项呢?少用不明确或隐性的析取表达式,王路的这一建议从逻辑学习角度而言似乎无可厚非,不过这不免低估了逻辑的日常运用对自然语言的依赖程度。

事实上,在自然语言中不出现析取关系标记是允许的,在汉语中甚至并不少见,例42)中的"一汪儿水,一片儿泥"的两个析取支的连接就是由语音上的停顿而非析取关系标记完成的。赵元任(Chao,1968:266)也曾举过一个有趣的例子:"你要钱要命?"在这种并置(juxtaposition)的形式中,析取关系标记是隐性存在的。

英汉语中最常见的析取关系标记分别是"or"与"或",因此统计所建成的句对库中的"or"与"或"有无组配的情况具有一定的参考价值。经统计,"or""或"有无组配的情况可以列于表29。

表29 "或""or"句对组配的类型与比例

句对组配类型	句对数量	所占比例
"或""or"均有	75	12.23%
有"或"无"or"	27	4.41%
无"或"有"or"	347	56.61%
"或""or"均无	164	26.75%

查看表29中的数字,令人惊讶的是:无"或"有"or"的句对比例竟然达到了56.61%,在四种逻辑上可能的组配中超过了一半。如果不查看组配,只关

心是否使用,在析取关系英汉平行句对库中,英语中使用"or"的比例竟然达到 68.84%(＝12.23%＋56.61%),而汉语不使用"或"的比例为 83.36%(＝ 56.61%＋26.75%)。这样的比例差距至少说明,英语中的析取关系标记常常 显现,而且大量倚重"or"来表达,而汉语则较少地使用"或"类词语,有着更为 丰富的析取关系表达手段。

下面根据语料检索的实际结果,分平行并置、否定并置、正反并置、数字并 置及其他情形共五小节分别简要讨论。

6.1　平行并置

平行并置,是指不借助连接词而把性质类似的词语、短语或小句直接连在 一起。汉语文本中,不借助析取关系标记而通过并置手段来表达析取关系,这 种情形可以借助对应的英语文本是不是表达析取关系来判断。根据实际情 形,这些实例可以归类为词语并置和平行结构两个小类。

6.1.1　词语并置

在汉语中,词语并置可以分为以下三种情形。

词语并置,可以是反义词并置,如下面例 163)中的"近"与"远",例 164)中 的"信"与"疑",例 165)中的"大"与"小",例 166)和例 167)中的"上"与"下",例 168)至例 172)中的"早"与"晚"。这些反义词并置后所形成的语言单位"抄近 绕远""似信似疑""大大小小""由上至下""上下""早晚"在词汇化程度上都比 较高,有了一定的熟语性质。

163) 他们的拉车姿式,讲价时的随机应变,走路的<u>抄近绕远</u>,都足以使他 们想起过去的光荣,而用鼻翅儿扇着那些后起之辈。

Their style of running, their shrewd bargaining abilities, and the deft use of <u>shortcuts or circuitous routes</u> help them relive the glories of their past, which is why they turn up their noses at younger men.

164) 祥子没法不说实话了,把曹宅的事都告诉了她。她眨巴着眼<u>似信似 疑</u>的:

Incapable of making up a story, Xiangzi told her all that had happened at the Cao home, and she stood there blinking, <u>not sure</u>

if she should believe him or not.

165) The Queen had only one way of settling all difficulties, great or small.

那皇后遇着大大小小的无论什么问题，只有一个解决的法子。

166) 由上至下整个的像一面极大的火镜，每一条光都像火镜的焦点，晒得东西要发火。

Wherever you looked, up or down, the world was like a fiery mirror on which every ray of sunlight seemed focused, turning everything it touched into flame.

167) 在拐弯抹角和上下坡儿的时候，他特别的小心。几乎是过度的小心。

He was careful when he took corners or negotiated a slope, up or down.

168) if you drink much from a bottle marked 'poison,' it is almost certain to disagree with you, sooner or later.

假如你把上面写着"毒药"字样的瓶子里的水喝的稍微太多了一点，那就早晚总会觉得那水于你不大相宜的。

169) 我就早知道吗，他一跑起来就不顾命，早晚是得出点岔儿。

I knew something like this would happen sooner or later, the way he runs, like a man with a death wish.

170) 那长得丑的，将来承袭她们妈妈的一切；那长得有个模样的，连自己也知道，早晚是被父母卖出，"享福去"！

The ugly ones would take over for their mothers in time, while the decent-looking girls knew that sooner or later they would be sold by their parents to enjoy a good life, as they say.

171) 自己早晚是一死，但须死一个而救活了俩！

Death would come sooner or later, but she wanted her death to be the salvation of two young lives.

172) 懒人的思想不能和人格并立，一切可以换作金钱的都早晚必被卖出去。

Moral integrity has no place in the philosophy of a lazy man; sooner or later anything that can be converted to cash will be sold.

　　并置的词语也可以是属于同一语义场的并列下义词(co-hyponym),如例173)和例174)中同属于动物语义场的"猫""狗"和"猪",例175)至例178)中同属于饮食语义场的"烟""酒""麦茬""白薯""鱼翅"和"燕窝",例179)中同属于动作语义场的"买"和"拾",例180)中同属于喜丧语义场的"红事"和"白事",例181)中同属于女性语义场的"姑娘"和"媳妇",例183)中同属于商业场所语义场的"饭铺"和"理发馆"。例182)中的"急事"和"急病"的关系有些特殊,不能说是典型的并列下义词关系,但在紧急这一点上是相同的。

173) 祥子遇见过的主人也不算少了,十个倒有九个是能晚给一天工钱,就晚给一天,表示出顶好是白用人,而且仆人根本是<u>猫狗</u>,或者还不如猫狗。

Xiangzi had worked for several employers, nine out of ten of whom would be late paying wages to show that they would rather not pay at all, since, in their view, servants were little more than <u>dogs or cats</u>, if that.

174) 以自己的体格,以自己的忍性,以自己的要强,会让人当作<u>猪狗</u>,会维持不住一个事情,

A man with his physique, his ability to endure so much, and his determination should not be treated like <u>a pig or a dog</u> and ought to be able to hold down a job.

175) <u>烟酒</u>可以让人,钱不能借出去,自己比一切人都娇贵可怜。

It was all right to treat his friends to <u>a cigarette or a drink</u>, but he kept his savings to himself, since he was in greater need of coddling and pity than anyone.

176) 没有钱,他央求赏给点破衣服,衣服到手马上也变了钱,钱马上变了<u>烟酒</u>。

If they wouldn't give him money, he asked for some old clothes, then immediately converted them into cash, which he <u>smoked or drank up</u>.

177) 他们会给办红白事的去打执事,会去跟着土车拾些碎铜烂纸,有时候能买上几个烧饼,有时候只能买一斤<u>麦茬白薯</u>,连皮带须子都吞了下去,

So they began running errands at weddings and funerals and digging in garbage carts for scrap iron and paper they could sell for a few flatbreads or some sweet potatoes，which they'd gobble down，skins，roots，and all.

178）Game，or any other dish?

鱼翅燕窝比不上！

179）然后，大一点的要是能找到世界上最小的资本，便去连买带拾，凑些冰核去卖。

Then the older boys would buy—if they could scrape together even a bit of cash—or steal chunks of ice to resell.

180）朋友之中若有了红白事，原先他不懂得行人情。

In the past，he'd ignored his social obligations whenever someone had a funeral or a wedding；

181）咱们拉车人的姑娘媳妇要是忽然不见了，总有七八成也是上那儿去了。

And if the wife or daughter of one of the rickshaw men disappears all of a sudden，chances are that's where you'll find them.

182）大家若是有个急事急病，只须告诉他一声，他不含忽，水里火里他都热心的帮忙，这叫作"字号"。

But if one of them had an urgent matter to attend to or was laid low with an illness，all he had to do was tell Fourth Master. Without the slightest equivocation，he was ready with a helping hand，and nothing would stop him，not a fire and not a flood. That is how one earns a reputation.

183）……像饭铺理发馆进来客人，看了一眼，又走出去那样。

… as when someone walks into a restaurant or barbershop，takes one look，and walks back out.

词语并置还可以通过逗号来连接，逗号表示语音上的停顿。并置的词语可以是两项，如例184）中的"病，意外的祸害"，例186）中的"英国兵，法国兵"，也可以是三项并置，如例185）中的"西山，燕京，清华"，例186）中的"万寿山，雍和宫，'八大胡同'"，例187）中的"打牌，请客，有饭局"，甚至可以四项连用并置，如例188）中的"凌迟，砍头，剥皮，活埋"。在这些汉语句子中，逗号所连接的成分在语法性质上是平行的，在语义上也都可以用"不论是……还是……，都……"这样的句式来转写，表达析取关系，因此在英语中相应地可以用"or"来翻译。

184) 不想花,也不想再买车,只是带在身旁,作为一种预备——谁知道将来有什么灾患呢! <u>病,意外的祸害</u>,都能随时的来到自己身上,总得有个预备。

He did not want to spend it, even though he was no longer saving up to buy a rickshaw. He kept it with him, just in case, knowing that the next calamity could be right around the corner, and that he had to be prepared for the <u>possibility</u> of <u>an illness or some other sudden catastrophe</u>.

185) 生于<u>西苑海甸</u>的自然以走西山,燕京,清华,较比方便;同样,在安定门外的走清河,北苑;在永定门外的走南苑……

Those native to Xiyuan and Haidian naturally ply their trade <u>in the Western Hills or around the universities at Yanjing and Tsinghua</u>; those from Anding Gate stick to the Qinghe and Beiyuan districts; while those outside of Yongding Gate work in the area of Nanyuan.

186) <u>英国兵,法国兵</u>,所说的<u>万寿山,雍和宫,"八大胡同"</u>,他们都晓得。

... when <u>a British or French soldier</u> says he wants to go to <u>the Summer Palace or the Yonghe Monastery or the Eight Alleys red-light district</u>, they understand.

187) 别看吃喝不好,活儿太累,也许时常<u>打牌,请客,有饭局</u>;

The food is terrible and the work exhausting, but maybe they <u>have mahjong parties or invite guests for dinner or go out at night</u>.

188) 枪毙似乎太简单,他们爱听<u>凌迟,砍头,剥皮,活埋</u>,听着像吃了冰激凌似的,痛快得微微的哆嗦,……

A firing squad seemed too commonplace, nowhere near as much fun to watch as <u>the death of a thousand cuts, beheadings, or skinning or burying alive</u>; the mere sound of these punishments produced the same shuddering enjoyment as eating ice cream.

6.1.2　平行结构

平行结构的构成可以有多种情形。

可以是"的"字结构并置,例如例 189)至例 191)。

189) <u>作买卖的</u>,<u>卖力气的</u>,不怕没有生意,倒怕有了照顾主儿而没作成买
卖,……

People in business <u>or</u> those who sell their labor aren't as
concerned about having no customers as they are about losing the
ones they have, …

190) 街上的人都显出点惊急的样子,<u>步行的</u>,<u>坐车的</u>,都急于回家祭神,
可是地上湿滑,又不敢放开步走。

People out on the streets were on edge as they headed home, on
foot <u>or</u> in rickshaws, to perform the rites, but went cautiously, as
the ground was treacherously slick.

191) <u>赴会的</u>,<u>看会的</u>,都感到一些热情,虔诚,与兴奋。

Those who took part in the fairs <u>or</u> just went to watch experienced
the same enthusiasm, piety, and excitement.

平行结构可以通过重复某些字眼来构成,如例 192)和例 193)中重复出现
的"也好",例 194)中重复出现的"也是",例 195)中重复出现的"也罢",例 196)
和例 197)中重复出现的"什么",例 198)中重复出现的"过"。例 199)至例
201)分别重复出现动词"占""找"和"行",均在动词第二次出现时同时使用了
"也"。例 202)中的"四十以上,二十以下"和例 203)中的"六百辆,六千辆"都
与数量有关,在结构上也是平行的,同时也有字眼重复。例 204)中的"就"和
"便"是同义词,可以认为是重复出现的一种特例。

192) 自从有了这辆车,他的生活过得越来越起劲了。拉包月<u>也好</u>,拉散
座<u>也好</u>,他天天用不着为"车份儿"着急,拉多少钱全是自己的。

Life improved for Xiangzi now that he had his own rickshaw,
whether it was a steady job <u>or</u> individual fares, since he no longer
had to worry about the rental fee. Every cent he took in was his.

193) 凡是以前他所混过的宅门,他都去拜访,主人<u>也好</u>,仆人<u>也好</u>,见面
他会编一套谎,骗几个钱;

He visited the home of everyone he'd ever worked for and made
up a sad story; master <u>or</u> servants, it made no difference.

194) 自从她守了寡,她就把月间所能剩下的一点钱放出去,一块<u>也是</u>一
笔,两块<u>也是</u>一笔,放给作仆人的,当二三等巡警的,和作小买卖的,
利钱至少是三分。

Gao Ma did have a way with money. Since becoming a widow,
she'd lent out whatever was left over at the end of the month to
fellow servants, local policemen, and peddlers, one or two yuan
at a time, at thirty percent or higher interest.

195) 昨天放了一天的车份儿,可是今天谁也没空着手来吃饭,一角也罢,
四十子儿也罢,大小都有份儿礼金。

Though they had been forgiven their rental fee the day before,
none had come to the table that morning empty-handed, whether
it was ten cents or forty, all destined to fill the celebrant's
pockets.

196) 他的身子懒,而耳朵很尖,有个消息,他就跑到前面去。什么公民团
咧,什么请愿团咧,凡是有人出钱的事,他全干。

He'd grown lazy, but his ears were sharper than ever, and he
never missed an opportunity to show up where there was money to
be made: joining a citizens' parade or a protest rally, anything at
all, as long as he was paid.

197) 'I know *something* interesting is sure to happen,' she said to
herself, 'whenever I eat or drink anything; so I'll just see what
this bottle does…'

她对自己说道,"我知道我一吃什么一喝什么,就一定会有好玩儿的
事情出来的,……"

198) 虽然闹过病,犯过见不起人的症候,有什么关系呢。

So what if I was sick or that I contracted a social disease?

199) 你一个人占一间房,你们俩也占一间房;住的地方可以不发生问题。

I have a vacant room; whether for you alone or the two of you, it
makes no difference.

200) 没得到什么正确的消息。还不敢失望,连饭也不顾得吃,他想去找
二强子;找到那两个弟弟也行。

He left disappointed but still hopeful. Without pausing to eat, he
went looking for Er Qiangzi, either him or the two boys.

201) 地上行吗? 上来挤挤也行呀!

You can have the floor or you can squeeze in here with me, your
choice.

202) 年纪在四十以上，二十以下的，恐怕就不易在前两派里有个地位了。

Men over forty or younger than twenty have little chance of falling into either of these classes.

203) 就是他们父女都愿意，他也不能要她；不管刘老头子是有六十辆车，还是六百辆，六千辆！

He wouldn't marry her even if they were both willing, not even if the old man owned six hundred or six thousand rickshaws.

204) 这口气使他进就进，退便退，他已没有主张。

This breath dictated whether he went forward or retreated; he had no will of his own.

例 189)至例 204)的共同点是某些字眼重复，致使语言形式有相似性，结构上也往往是平行的。下面例子中的平行结构则主要体现在平行成分的语法结构相同，如例 205)至例 207)采用了动宾短语并置的形式，例 208)是介词短语并置，例 209)是定中短语并置，虽然中心词表意复杂，但起限定作用的"出殡用的"和"娶亲用的"这两个"的"字短语不仅结构平行，而且音节数量相同。

205) ……可是军官高了兴，也带她吃回饭馆，看看戏，……

… but when he was in a good mood, he'd taken her to a restaurant or to a show, …

206) 上山的上山，逛庙的逛庙，看花的看花……至不济的还可以在街旁看看热闹，念两声佛。

Some climbed the mountain, some visited temples, and others took in flower shows… those too poor to do any of that could still stand by the road and watch the excitement or recite a Buddhist chant or two.

207) 那小些的，不敢往远处跑，都到门外有树的地方，拾槐虫，挖"金钢"什么的去玩。

The younger children, who dared not wander far from home, would play with locust beetles near the compound gate or dig up larva.

208) 走乏了，便在红墙前，绿松下，饮几杯足以引起闲愁的清茶，偷眼看着来往的大家闺秀与南北名花。

When they tired, they sat at the feet of red walls or beneath pine trees to drink cups of green tea and dream their melancholy dreams, taking time out to steal glances at the daughters of rich families and courtesans from north and south who passed by.

209) 出殡用的松鹤松狮,纸扎的人物轿马,娶亲用的全份执事,与二十四个响器,依旧在街市上显出官派大样,使人想到那太平年代的繁华与气度。

Longevity cranes and lion dogs that led funeral processions replete with paper figurines of people, chariots, and horses, or the dignitaries and twenty-four musical instruments in weddings still evoked an aura of power and prestige, reminiscent of the prosperity and spirit of more peaceful times.

在平行成分出现三个以上时,平行结构更有赖于相关字眼的重复,同时相关字眼的重复出现也使得平行结构的平行性体现得更为明显,如下面的例210)至例214)。

210) 以杨先生的海式咒骂的毒辣,以杨太太的天津口的雄壮,以二太太的苏州调的流利,他们素来是所向无敌的;

No one had been able to withstand Mr. Yang's withering Shanghai curses, his wife's imperious Tianjin scolding, or his concubine's Suzhou rebukes, …

211) 处处干燥,处处烫手,处处憋闷,整个的老城像烧透的砖窑,使人喘不出气。

No place escaped the dry, blistering heat or oppressive air that turned the ancient city into a blazing kiln.

212) 他没法赶走虎妞,他将要变成二强子,变成那回遇见的那个高个子,变成小马儿的祖父。

He could not drive Huniu away, and one day he would be just like Er Qiangzi or that tall fellow he'd met that day or Little Ma's granddad.

213) 好远行的与学生们,到西山去,到温泉去,到颐和园去,去旅行,去乱跑,去采集,去在山石上乱画些字迹。

Hikers and students made treks to the Western Hills or hot springs, even to the Summer Palace to stroll the grounds, gather up things they found, <u>or</u> write their names on rocks.

214) 在这种时候,他也很会捣坏,<u>什么</u>横切别的车,<u>什么</u>故意拐硬弯,<u>什么</u>别扭着后面的车,什么抽冷子操前面的车一把,他都会。

At such times he delighted in a bit of mischief, like cutting in front of other rickshaws <u>or</u> turning sharp corners to make the runners behind him swerve <u>or</u> stumble, <u>or</u> to catch the ones ahead off guard.

平行结构不仅可以在短语层面出现,也可以在小句或句子层面出现,如下面例 215) 至例 219) 中的问句并置。其中,例 215) 和例 216) 中表示疑问的两个小句在整个句子中充当一定的句子成分,而例 217) 至例 219) 则将表示疑问的两个小句直接连用,并置在一起。这些例句不仅有问句形式的重复出现,还有相关字眼的重复出现,如例 215) 中的"还用……什么",例 216) 中的"叫",例 217) 中的"我的",例 218) 中的"准",例 219) 中的"万一"。

215) 肚子饱了就去睡,还用想什么<u>呢</u>,还用希望什么<u>呢</u>?

When that was done, he went back to bed. What could he gain by thinking <u>or</u> hoping?

216) 什么叫事情,哪个叫规矩,×你们的姥姥!

Why the fuck should he care about this business <u>or</u> about proper behavior!

217) '…—but then I wonder what Latitude <u>or</u> Longitude I've got to?'

"……——但是我的纬度是多少<u>嘞</u>? 我的经度到了哪儿<u>嘞</u>?"

218) 谁准知道她肚子里的小孩是他的不是<u>呢</u>? 不错,她会带过几辆车来;能保准吗?

And what guarantee did he have that the child in her belly was his? <u>Or</u> that she'd bring the rickshaws along with her?

219) 大家越看越没劲,也越舍不得走开;万一他忽然说出句:"再过二十年又是一条好汉"<u>呢</u>? 万一他要向酒店索要两壶白干,一碟酱肉<u>呢</u>?

The onlookers were starting to lose interest but not enough to leave. What if all of a sudden he shouted, "I'll come back in twenty years, better than before!" <u>Or</u> what if he asked for a couple of pots of liquor and some meat to go with it?

6.1.3　平行并置与析取关系

不论是 6.1.1 小节中讨论的词语并置还是 6.1.2 小节中讨论的平行结构,两者都是不借助析取关系标记而通过并置手段来表达析取关系的。析取关系在语言中往往体现为并列结构。而并列成分都有并列支趋同的要求,表现在词类范畴、结构形式、语义范畴、韵律特征等方面,其中结构平行也是趋同性的重要表现。我们在 6.1.1 和 6.1.2 两小节中所考察的语料事实,也印证了刘丹青的观点,即"一般趋同性越强,趋同的方面越多,越是无标记并列,对并列标记的需求就可以减弱,反之则更需要连词等并列标记的帮助"(2008:136-137)。

6.2　否定并置

否定并置是指并置成分出现在否定性语境中。这种情形在汉语中尤为常见。根据德·摩根定律 $\neg p \wedge \neg q \equiv \neg (p \vee q)$,合取关系出现在否定语境中,就等值于析取关系的否定。严格说来,汉语中这种并置的语言形式表达的更多的是否定式的合取关系,因为语言形式不借助关系标记直接并置在一起时表达最自然的逻辑关系是合取关系。由于相应的英文要转换为析取关系,同时由于德·摩根定律所揭示的否定式的合取等值于析取式的否定,所以我们把否定并置放在这里讨论。

否定性语境一般通过否定标记来构成,否定标记可以是一个,可以是两个,还可以是多个。也就是说,$\neg p \wedge \neg q$ 在汉语中可以有多种体现形式。下面分别加以讨论。

6.2.1　单否并置

单否并置,是指并置情形出现在只有一个否定标记的否定语境中。在单否并置这一小类中,并置可以是词语直接连在一起,也可以通过语音上的停顿和书写系统中的逗号来连接,其语言形式可以分别符号化为"否 pq"和"否 p,q"。

先看词语直接并置的例子。

220) <u>没有父母兄弟</u>,<u>没有本家亲戚</u>,他的唯一的朋友是这座古城。

　　Having <u>no</u> parents, <u>no</u> brothers or sisters, no family at all, Xiangzi had but one friend: this ancient city.

121

221) 他没有父母兄弟，没有朋友。

He had no parents or siblings, and no friends.

222) ……不过是把喜棚改作白棚而已，棺材前没有儿孙们穿孝跪灵，只有些不相干的人们打麻将守夜！

… the tent would become a place of mourning, but there would be no dutiful sons or grandsons in mourning attire kneeling before his coffin, nothing but a few casual acquaintances playing mahjong through the night.

223) 但在这个大杂院里，春并不先到枝头上，这里没有一棵花木。

But there were no trees or flowers in their compound to herald spring's arrival.

224) 我打他妈的——嗝！——两点起到现在还水米没打牙！竟说前门到平则门——嗝！——我拉他妈的三个来回了！

I've been fucking at it—urp—since two o'clock without a drop of water or a bite to eat, and I've taken him from Qianmen—urp—to Pingzemen three fucking times.

225) 他的黄金时代已经过去了，既没从洋车上成家立业，什么事都随着他的希望变成了"那么回事"。

His best years were behind him. A rickshaw had not provided him with a family or a lasting trade, and everything he did, along with all his hopes, had turned into："So what!"

226) 恨吧疼吧，他没办法。

But resentment or fondness, what difference did it make?

227) 等着，耐心的等着，腿已立酸，还不肯空空回去；前头的不肯走，后面新来的便往前拥，起了争执，手脚不动，专凭嘴战，彼此诟骂，大家喊好。

The waiting crowd endured legs aching from standing so long, unwilling to leave for home, and the latecomers pressing forward, which led to heated confrontations, not with fists or feet but with angry curses, as neighbors egged them on.

228) 现在他少受着罪，将来他还可以从这里逃出去；他想自己要是到了老年，决不至于还拉着辆破车去挨饿受冻。

For now, he suffered less than they, and he could leave this life behind him in later years, confident that in his old age he would not be reduced to pulling a decrepit rickshaw in constant <u>fear</u> of starving <u>or</u> freezing to death.

229) 只有中间的一段,年轻力壮,<u>不怕</u>饥饱劳碌,还能像个人儿似的。

Only during your middle years, when you're strong and <u>unafraid</u> of <u>either</u> hunger <u>or</u> hard work, can you live like a human being.

230) So she called softly after it, 'Mouse dear! Do come back again, and we <u>won't</u> talk about cats <u>or</u> dogs either, if you don't like them!'

所以她就做着和蔼的声气对它叫道,"耗子,我爱! 你回来呀! 要是你<u>不爱猫狗</u>,咱们不再讲它们了!"

231) 她是唯一的<u>有吃有穿</u>,<u>不</u>用着急,而且可以走走逛逛的人。

As the only resident of the compound who had <u>no</u> need to worry about food <u>or</u> clothing, she was free to take strolls and enjoy life.

232) 天不怕,地不怕,绝对<u>不低着头吃哑巴亏</u>。[①]

Fearing neither heaven nor earth, he'd <u>no longer</u> bow down <u>or</u> suffer in silence.

233) 祥子的确不错,但是提到儿婿两当,还差得多呢;一个臭拉车的!

There was nothing wrong with Xiangzi as a man, but he fell <u>short</u> of what a son <u>or</u> a son-in-law ought to be—a stinking rickshaw man!

观察例 220) 至例 233) 的否定标记、汉语并置词语、英语析取关系标记以及否定标记相对于汉语并置词语或英语析取关系标记的先后位置,可以得出表 30。

表 30　单否并置时词语并置的相关情形

例子编号	汉语否定标记	并置词语	否定标记在前	英语否定标记	析取关系标记	否定标记在前
220	没有	父母兄弟	是	no	or	是
221	没有	父母兄弟	是	no	or	是

① 这一句的汉语原文最好把"低着头"理解成"吃哑巴亏"的伴随状态。英译文将"低着头"和"吃哑巴亏"理解成并列的析取支,也是可以接受的。

续表

例子编号	汉语否定标记	并置词语	否定标记在前	英语否定标记	析取关系标记	否定标记在前
222	没有	儿孙们	是	no	or	是
223	没有	花木	是	no	or	是
224	没	水米	否	without	or	是
225	没	成家立业	是	not	or	是
226	没	恨吧疼吧	否	反问句	or	否
227	不	手脚	否	not	or	是
228	不至于	挨饿受冻	是	fear	or	是
229	不	饥饱劳碌	是	unafraid	either… or…	是
230	不	猫狗	是	n't	or	是
231	不	有吃有穿	否	no	or	是
232	不	低着头吃哑巴亏	是	no longer	or	是
233	差得多	儿婿	否	short of	or	是

从表 30 可以看出,否定语境的构成除了典型的否定标记"没""没有""不""no""not"之外,还可以是"不至于""差得多""without""unafraid""no longer""short of"等表达否定意义的词语。汉语的否定标记可以出现在并置词语的后边,如例 224)、例 226)、例 227)、例 231)和例 233),而相应的英语,除了例 226)借助反问句的形式表达否定意义之外,基本上要求否定标记位于析取关系标记之前。

再看通过语音上的停顿和书写系统中的逗号来连接的例子。

234) 大概的他觉出是顺着大路走呢;方向,地点,都有些<u>茫然</u>。
He had a sense that he was on a highway but could <u>not</u> be sure exactly where he was <u>or</u> in which direction he was walking.

235) 我的东西,你自己的东西都<u>不用</u>管,跳墙就走,省得把你拿了去!
<u>Don't</u> worry about my things, <u>or</u> yours, for that matter. Just jump over the wall to keep from falling into their hands.

236) 刘四爷为这个和棚匠大发脾气,气得脸上飞红。因为这个,他派祥子去催煤气灯,厨子,千万<u>不要</u>误事。
After arguing with the man until he was red in the face, Fourth

Master had Xiangzi go make sure that <u>nothing</u> would hold up delivery of the lanterns <u>or</u> the arrival of the cook.

237) 当他跑得顺"耳唇"往下滴汗,胸口觉得有点发辣,他真想也这么办;这绝对<u>不</u>是习气,作派,而是真需要这么两碗茶压一压。

When Xiangzi ran until sweat dripped from his ears and his chest felt the strain, that's what he'd have liked to do, <u>not</u> out of habit <u>or</u> to put on airs but because it was what he needed.

238) 他的心不能禁止那<u>些</u>事往外走,他的话也就没法停住。<u>没有</u>一点迟疑,混乱,他好像要一口气把整个的心都拿出来。

He was powerless to keep the events bottled up, and so the words were unstoppable, with <u>no</u> hesitation <u>or</u> confusion. He seemed to want to empty his heart in one prolonged breath.

239) 在政治上,艺术上,他都并<u>没有</u>高深的见解;不过他有一点好处:他所信仰的那一点点,都能在生活中的小事件上实行出来。

While he had <u>no</u> profound views on politics <u>or</u> art, he had the ability to put his modest beliefs into practice in the trivial aspects of daily life.

240) 对车座儿,对巡警,对任何人,他决定<u>不再</u>老老实实的敷衍。

<u>No longer</u> did he meekly knuckle under to his passengers <u>or</u> to the police <u>or</u>, for that matter, to anyone.

241) 不管你怎样卖力气,要强,你可就别成家,别生病,别出一点岔儿。

<u>No matter</u> how hard you worked <u>or</u> tried to better yourself, you cannot marry, get sick, or make a false move.

242) 他想<u>不</u>到作官,发财,置买产业;

He did <u>not</u> aspire to become an official, <u>or</u> get rich, <u>or</u> start up a business.

243) <u>不</u>顾得干什么,想什么,他坐在门洞的石阶上,呆呆的看着断了把的车。

<u>Unable</u> to act, <u>or</u> even think, he sat down on the stone steps and gazed blankly at the black-lacquered rickshaw with its broken shaft.

244) 什么故意的绷大价,什么中途倒车,什么死等好座儿,他都<u>没</u>学会。

He <u>refused</u> to employ the tricks some men used; he <u>never</u>

demanded exorbitant fares, switched fares midway, <u>or</u> waited for customers that paid well.

245) Alice had <u>no</u> idea what Latitude was, <u>or</u> Longitude either, but thought they were nice grand words to say.

其实阿丽思一点也<u>不</u>懂得纬度是什么件东西，经度是怎么回事，但是她想那两个名词说在嘴里一定很好听的。

246) 他似乎听不见那施号发令的锣声。他更永远<u>不</u>看前后的距离停匀不停匀，左右的队列整齐不整齐，

He seemed not to hear the signaling gongs and <u>never</u> paid any attention to the distance between him and those in front or back <u>or</u> whether he was aligned in his row.

247) 风，土，雨，混在一处，联成一片，横着竖着都灰茫茫冷飕飕，一切的东西都被裹在里面，辨<u>不</u>清哪是树，哪是地，哪是云，四面八方全乱，全响，全迷糊。

Wind, earth, and rain mingled in a cold, swirling gray mass that moved in all directions at once, swallowing everything in sight and making it <u>impossible</u> to distinguish trees from the earth <u>or</u> clouds.

例 234) 至例 247) 的单否并置情形可以总结为表 31。

表 31　单否并置时逗号连接的并置成分的相关情形

例子编号	汉语否定标记	逗号连接的并置成分	否定标记在前	英语否定标记	析取关系标记	否定标记在前
234	茫然	方向，地点	否	not	or	是
235	不用	我的东西，你自己的东西	否	n't	or	是
236	不要	煤气灯，厨子	否	nothing	or	是
237	不是	习气，作派	是	not	or	是
238	没有	迟疑，混乱	是	no	or	是
239	没有	政治上，艺术上	否	no	or	是
240	不再	对车座儿，对巡警，对任何人	否	no longer	or	是
241	不管	卖力气，要强	是	no matter	or	是
242	不	作官，发财，置买产业	是	not	or	是
243	不	干什么，想什么	是	unable	or	是

续表

例子编号	汉语否定标记	逗号连接的并置成分	否定标记在前	英语否定标记	析取关系标记	否定标记在前
244	没	什么故意的绷大价,什么中途倒车,什么死等好座儿	否	refused/never	or	是
245	不	纬度是什么件东西,经度是怎么回事	是	no	or	是
246	不	前后的距离停匀不停匀,左右的队列整齐不整齐	是	never	or	是
247	不	哪是树,哪是地,哪是云	是	impossible	or	是

　　从表 31 也可以看出,一些像"茫然""unable"等非典型否定标记构成了否定性语境。同时,汉语中否定标记可以出现在并置成分之后,如例 234)、例 235)、例 236)、例 239)、例 240)、例 244),而相应的英语中否定标记全部位于析取关系标记之前。逗号连接的并置成分,可以是名词或名词短语,如例 234)至例 238),可以是介词短语,如例 239)和例 240),可以是动宾短语,如例 241)至例 243),也可以是带有疑问性质的小句,如例 245)至例 247)。例 244)将语法结构有差异的"故意的绷大价""中途倒车"和"死等好座儿"三种事态并联在一起,是借助三个"什么"来实现的。

6.2.2　双否并置

　　在双否并置这一小类中,¬p∧¬q 这个否定合取式的两个否定标记 ¬ 均显性存在,只有合取关系 ∧ 通过并置的形式来体现。此时,并置形式一般均以逗号形式来连接并置的成分,偶尔也可能不用逗号而直接连在一起,如下面例 266)中的"无亲无故"。

　　两个否定标记可以都用"不"或含有"不"的词语来实现,如下面例子中的例 248)至例 254)。

248）脸不洗,牙不刷,原来都没大关系,不但省钱,而且省事。

　　He could also save time and money by not washing his face or brushing his teeth.

249）讲动武,祥子不能打个老人,也不能打个姑娘。他的力量没地方用。

　　Since Xiangzi was not capable of hitting an old man or a woman, his strength lacked an outlet.

250）屋子糊好,她去讲轿子:一乘满天星的轿子,十六个响器,不要金灯,不要执事。

The rooms now in readiness, she went out to arrange for a bridal sedan chair, specifying that she wanted it decorated with stars and accompanied by sixteen musicians, but no gold lanterns or formal escort.

251) 她的身上老有些地方像虎妞，不是那些衣服，也不是她的模样，

… there was something about her that reminded him of Huniu. It wasn't her clothes or her looks; …

252) … a large caterpillar, that was sitting on the top with its arms folded, quietly smoking a long hookah, and taking not the smallest notice of her or of anything else.

那毛毛虫抄着手坐在那蘑菇的顶上，安安静静地抽着一个很长的土耳其水烟袋，一点也不理会阿丽思，好像什么闲事也不高兴问似的。

253) 他进了大门，一直奔了小福子的屋子去。顾不得敲门，顾不得叫一声，他一把拉开了门。

He passed through the gate and went straight to Fuzi's room, opening the door without waiting to knock or calling to her.

254) 决不想上曹宅去了，连个信儿也不必送，曹先生救不了祥子的命。

He had no desire to go see Mr. Cao, or even to write to him. Mr. Cao could not save him now.

255) 有了自己的车，他可以不再受拴车的人们的气，也无须敷衍别人；

Owning a rickshaw meant never having to suffer mistreatment or do the bidding of people who rented them out.

256) 六十九，七十九也不行，也得讲理！

He had no right to be unreasonable, whether he was sixty-nine or seventy-nine… or eighty-nine or ninety-nine…

例 255）和例 256）有些特殊。例 255）中的两个否定标记并不是全部由"不"或含有"不"的词语来承担的，而是由"不再"与"无须"配合实现的。例 256）虽然只出现了一个否定标记"不行"，但由于出现了"也"，根据所表达的意思，可以将汉语原文补足成"六十九不行，七十九也不行，也得讲理！"也正是由于这一点，为增强语势，英译文顺势增译了"or eighty-nine or ninety-nine"。

承担否定标记功能的含有"不"字的词语中，"不管""不论"特别值得注意，因为"不管""不论"的词汇化程度会有差异。例 257）中"不管"二字可分开理

解,也正因为如此,才有可能使用诸如例 258)中不含"不"字的"哪管"。例 259)和例 260)中的"不管""不论"的词汇化程度较高,可以认为是连词,但是在一定程度上也可以将两个字分开来解读。

257) 没有包月,他就拉整天,出车早,回来的晚,他非拉过一定的钱数不收车,不管时间,不管两腿;

He took monthly hires when he could and spent all day picking up fares on the street the rest of the time, going out early and returning late, and only then if he'd earned his daily quota, regardless of the hour or the state of his legs.

258) 只有这个张妈,已经跟了他们五六年,唯一的原因是她敢破口就骂,不论先生,哪管太太,招恼了她就是一顿。

Nanny Zhang, on the other hand, had been with them five or six years; she owed her longevity to her abusive mouth. Whether it was the master or one of his wives, no annoyance went unnoted.

259) 他只看见钱,多一个是一个,不管买卖的苦甜,不管是和谁抢生意;

Money, every single coin, was all that mattered, not how much the effort cost him or who he had to fight for it.

260) 汽车迎头来了,卷起地上所有的灰土,祥子不躲,不论汽车的喇叭怎样的响,不管坐车的怎样着急。

He never made way for cars that roared toward him, sending dust flying, no matter how threateningly they honked their horns or how their occupants cursed and screamed.

两个否定标记可以由"没有""没"来体现,如下面例 261)至例 264)。

261) 刘老头子没有夸奖过他一句,没有格外多看过他一眼;老头子心里有数儿。

Old Man Liu never uttered a word of praise or ever gave him a special look.

262) … but it had no pictures or conversations in it, 'and what is the use of a book,' thought Alice 'without pictures or conversations?'

可是书里又没有画儿,又没有说话,她就想道,"一本书里又没有画儿,又没有说话,那样书要它干什么呢?"

263）'I never saw one, or heard of one,' said Alice.

阿丽思道，"我从没看见过也没听见过这么样东西。"

264）这句话没人能够驳倒，没人能把它解释开；那么，谁能拦着祥子不往低处去呢?!

No one could dispute the logic or offer a reasonable explanation, so what was to keep him from sinking lower and lower?

两个否定标记还可以由书面语意味较浓的"无"这个字来体现，如下面例265）至例267）。

265）那吃不上饭的，当已无处去当，卖已无处去卖——即使有东西可当或卖——因为天色已黑上来。

For those who had nothing to eat, it was too late to pawn or sell anything—if they had anything to pawn or sell in the first place— ...

266）他无亲无故的，已经埋在了东直门外义地里，

—who died recently with no heirs or family and was buried in the potter's field outside Dongzhi Gate.

267）成绩是无可补救了，停学也无法反抗，他想在曹先生身上泄泄怒气。

It was too late for Ruan Ming to improve his grades or to resist expulsion, so he decided to focus his wrath on Mr. Cao.

6.2.3 多否并置

否定性语境也可以通过多个否定标记来构成，如下面例268）至例270）。

268）他仿佛是个能干活的死人。他扫雪，他买东西，他去定煤气灯，他刷车，他搬桌椅，他吃刘四爷的犒劳饭，他睡觉，他什么也不知道，口里没话，心里没思想，只隐隐的觉到那块海绵似的东西！

He'd be like a working zombie: sweeping away snow, buying things, ordering kerosene lanterns, cleaning rickshaws, moving tables and chairs, eating the food Fourth Master supplied, and sleeping, all without knowing what was going on around him, or speaking, or even thinking, yet always dimly aware of the presence of that spongelike thing.

269）这些人的心中没有好歹，不懂得善恶，辨不清是非，……

Such people are not burdened by a sense of right and wrong, an understanding of good and evil，or a grasp of what is true and what is false；

270) 不管你怎样卖力气，要强，你可就<u>别</u>成家，<u>别</u>生病，<u>别</u>出一点岔儿。

No matter how hard you worked or tried to better yourself，you can<u>not</u> marry，get sick，<u>or</u> make a false move.

6.2.4　否定并置与析取关系

在上面 6.2.1 至 6.2.3 三个小节中，我们根据否定标记出现个数分类讨论了汉语中否定并置的三种情形，其中单否并置可以看作是对并置成分的整体否定，双否并置和多否并置可以看作是两个或多个否定项的并置。这三种情形均可以与英语中析取式的否定相对应。但是值得注意的是，并不是所有的否定并置情形都与英语中的析取式的否定相对应。例如：

271) 言语是人类彼此交换意见与传达感情的，他<u>没</u>了意见，<u>没</u>了希望，说话干吗呢？

Speech is how human beings exchange ideas and express feelings. But he had <u>no</u> ideas to exchange <u>and</u> <u>no</u> hope to give voice to，so what good was speech？

在例 271)中，"没了……，没了……"在英译时被处理成"no… and no…"，即否定式的合取关系。从命题逻辑来看，当两个支命题均为假时，不论是通过合取方式还是析取方式来复合，整个命题的真值仍然是假的。而汉语中的否定并置情形由于并置而没有关系标记去标识并置成分之间的关系，只能依靠话语理解者自己结合语境去解读，这时解读为合取关系或者解读为析取关系都有了可能。

如上段所说的，由于真值演算上的等值关系，当两个支命题均为假时，整个复合命题有可能被当作析取命题，也可能被当作合取命题。例如，英语中的"neither… nor…"与"either… or…"在语言拼写形式上相似，很容易被误解为否定项的析取（disjunction of negations），而实际上是对析取的整体否定（negation of disjunctions）。正因为容易被误解，叶斯柏森和王力都曾指出这一点。叶斯柏森指出，"… neither-nor is a negative both-and，not a negative either-or"(Jespersen，1924/1951：304)。王力也指出，"neither… nor… 乃是 both… and… 的否定语，不是 either… or… 的否定语；该属积累式，不该属离接式"(1984：91)。王力所说的"积累式"和"离接式"分别相当于合取和析取。

有趣的是,中国人学习"neither… nor…"时,常被告知其对应的汉语表达方式是"既不……也不……"。"既不……也不……"表意明确,不会产生误解,这是因为嵌入"既不……也不……"的"既……也……"明确提示我们这是否定式的合取,而非析取式的否定。

6.3　正反并置

正反并置是指表示一正一反的两个成分并置在一起,例如"开心不开心",其中表示反面的成分一般借助"不""没"等否定标记来构成。因为正反并置的语言形式常常能表达不确定性,而不确定性是析取关系的概念基础,所以正反并置与析取关系有紧密的关系。

检索析取关系英汉双向平行语料库,在 613 个句对中共找到 121 例,占总句对库的 19.74%。为取得更深入的认识,下面从形式和意义两个角度对这121 例进行分类,结合部分句对进行讨论,全部句对详见附录 3。

6.3.1　正反并置的结构类型

从形式上看,这些句对可以分为正反紧随、正反隔置和正隐反显三个小类。

正反紧随,是指正向成分和反向成分之间没有其他语言成分插入,在语言形式上也没有逗号连接,而是直接并置在一起,如例 272)中的"称心不称心",例 273)中的"是不是",例 274)中的"好不好",例 275)中的"受得了受不了"。有时为了韵律上的节奏感,这种正反紧随的表达形式可能会出现省略现象,如例 272)中"称心不称心"可以简略成"称不称心"。

272) 'Are you content now?' said the Caterpillar.

那毛毛虫又问道,"你现在称心不称心呢?"

273) 'Are they in the prisoner's handwriting?' asked another of the jurymen.

又一个陪审员问道,"是不是那犯人的笔迹?"

274) 你先叫辆汽车来好不好?

Would you mind calling for a taxi?

275) 不用说别的,把你圈上三个月,你野鸟似的惯了,愣教你坐黑屋子,你受得了受不了?

Think for a minute. You've lived like a wild bird all your life; <u>do</u> you think you could stand being locked up in a cage for three months<u>?</u>

正反隔置,是指正向成分与反向成分之间被其他语言成分隔开,如例 276)中的"能……不能",例 277)中的"记得……不记得"。这种正反隔置的形式在反向成分之后省略了与正向成分之后相同的内容,如可以认为例 276)中的"我能一撒巴掌把你放了不能"是"我能一撒巴掌把你放了不能一撒巴掌把你放了"的省略,例 277)中的"记得从前所知道的事情不记得"则是"记得从前所知道的事情不记得从前所知道的事情"的省略。

276) 你想想,我<u>能</u>一撒巴掌把你放了<u>不能</u>?

　　Do you really think I can just let you go<u>?</u>

277) I'll try if I know all the things I used to know.

　　等我来试试,看我还<u>记得</u>从前所知道的事情<u>不记得</u>。

正隐反显,是指正向成分在语言形式中没有表现出来,而反向成分却体现在语言形式中了,如例 278)和例 279)中的"没有"。可以认为例 278)中的"摔着没有"是"有摔着没有摔着"的省略,例 279)中的"你那个谜儿猜出来没有"则是"你那个谜儿有猜出来没有猜出来"的省略。

278) "摔着<u>没有</u>?"祥子问。

　　"Are you hurt<u>?</u>" Xiangzi asked.

279) 'Have you guessed the riddle yet<u>?</u>' the Hatter said, turning to Alice again.

　　那帽匠又对阿丽思说道,"你那个谜儿猜出来<u>没有</u>?"

经统计,这 121 例中,正反紧随有 87 例,正反隔置有 25 例,正隐反显有 9 例,各占 71.90%、20.66%、7.44%,见表 32。从数量比例上看,正反并置一般以正反紧随为最常见,正反隔置次之,正隐反显则最不常见。

表 32　正反并置的结构类型及其比例

结构类型	句对数量	在正反并置类型中的比例
正反紧随	87	71.90%
正反隔置	25	20.66%
正隐反显	9	7.44%

6.3.2　正反并置的意义类型

从正反并置所表达的意义上看，检索到的语例可以归纳为正反问、未知待解、无条件句三个类型。

正反并置可以构成正反问，即通过并置正反成分来表达疑问，如例 280)至例 282)。

280) 你可别多心，她到底<u>可靠</u><u>不可靠</u>呢？

　　　Don't get me wrong, but I need to ask：Is she <u>trustworthy</u>?

281) 你们<u>有</u>胆子<u>没有</u>？

　　　Any of you <u>got</u> the <u>guts</u>?

282) Now, Dinah, tell me the truth：<u>did</u> you ever eat a bat?

　　　你来，黛那，告诉我老实话：你到底曾经<u>吃过</u>蝙蝠子<u>没有</u>？

正反并置形式为何能够表达正反问呢？一般来说，人们通过语句表达对现实世界的论断，当人们对论断的正确性不确定时，就产生了疑问。这时，将论断的正向判断和反向判断并置在一起，就成了人类语言中较为自然的表达疑问的一种手段。Heine 和 Kuteva（2002：216）在《语法化的世界词库》（*World Lexicon of Grammaticalization*）中也曾指出，A-not-A 结构可以经过语法化而成为是非疑问句标记的来源之一。A-not-A 结构就是我们这里所说的正反并置结构。

以上举例讨论正反并置形式表达疑问语气，是从汉语着眼的。那么，英语中有没有类似的表达形式呢？在析取关系句对库中检索到的例 283)就是一个例子。该例中的"Am I right"是正向成分，"aren't I"是反向成分，两者用"or"连接。

283) 咱们要是老在这儿忍着，就老是一对黑人儿，你说<u>是</u><u>不是</u>？

　　　But if we stay here and try to stick it out alone, we'll always be on people's blacklist. <u>Am I right or aren't I</u>?

也许这个句子在有些人看来不如简化为"Am I right?"更为自然。但是，实际上，正如 Jespersen（1933/2006：246）所指出的，英语中诸如"Did he say that?"之类的疑问句①都可以附上否定的部分,如"Did he say that?"就可扩展为"Did he say that, or did he not (say that)?"这种析取疑问句或选择疑问句。吕叔湘(1990:285-287)把正反问称为反复问,认为用"吗"字的问句(即是非问)原是从反复问句化出来的。叶斯柏森和吕叔湘的观点从一个侧面表明,正反并置确实可以成为表达疑问语气的一种手段。

　　Jespersen(1933/2006:246)同时还指出,在这种问句中,谓语动词是肯定形式还是否定形式的,并不十分重要,比如给他人一杯啤酒时,我们既可以说"Will you have a glass of beer?",也可以说"Won't you have a glass of beer?"。也正因为如此,例 284)至例 286)中正反并置的汉语原文英译时采用了谓语动词的否定形式。当然,这种否定形式的问句往往期待得到肯定的回答,是有标记的。

　　284) 这话<u>对不对</u>?

　　　　Isn't that right?

　　285) <u>是不是</u>,你自己说,祥子?

　　　　Aren't you, Xiangzi?

　　286) 一天不拉车,身上就痒痒,<u>是不是</u>?

　　　　Your hands itch if you can't pull a rickshaw for one day, <u>isn't</u> <u>that right</u>?

　　另外,Heine 和 Kuteva(2002:217)认为,在"He has left, hasn't he?"这种附加疑问句中,谓语动词的一正一反形式,也与上述 A-not-A 结构的语法化过程有关。附加疑问句与正反并置形式的语法化有关,是就同一种语言的历时演化而言的。附加疑问句和正反并置形式的关联,在语际对译过程中也可体现出来,如例 287)和例 288)。这说明汉语中的正反问与英语中的附加疑问句有一定的对应性。

　　287) "别嚷<u>行不行</u>?"祥子躲开她一步。

　　　　"Stop shouting, <u>won't you</u>?" Xiangzi moved away from her.

---

① 　Jespersen(1933/2006:247)把"Did he say that?"之类的问句称为连系式疑问句(nexus-question),相当于现在英语学界所谓的一般疑问句或是非疑问句(general/yes-no question),国内汉语界则称之为"是非问"(如胡裕树,1995:377)。他把"What did he say?"和"Who said that?"之类的问句称为 X-疑问句(X-question),相当于现在一般英语语法书中所谓的特殊疑问句,国内汉语界称之为"特指问"(如胡裕树,1995:377)。

288) 明儿个要是不这么冷呀，咱们早着点出车。对不对，小马儿？

If it warms up a little tomorrow, we'll go out early, won't we, boy?

正反并置形式也可以表达未知待解的意思，即认知主体对事态的正反情况均不了解，如例 289) 至例 293)。

289) 不晓得这辈子还会再看见你不会嘞！

I wonder if I shall ever see you any more!

290) I wonder if I've been changed in the night?①

不晓得我昨儿晚上半夜里变了没有？

291) 祥子不知道自己信神不信，只觉得磕头总不会出错儿。

Now, Xiangzi could not say if he believed in spirits, but what harm could a kowtow do?

292) 没管打锣的说了什么，他留神的在地上找，看有没有值得拾起来的烟头儿。

Ignoring the man's curses, he kept his eyes glued to the ground to see if there were any butts worth picking up.

293) Alice glanced rather anxiously at the cook, to see if she meant to take the hint;

阿丽思很着急地对那做饭老妈子瞧了一瞧，看她领会没领会公爵夫人的意思，……

从这几个例子中可以看出，汉语中在正反并置成分之前往往有"不晓得""不知道""看"等表示尚未知晓的词语。对应的英语则常常使用"wonder""see"等动词，并用"if"引导的从句与汉语中的正反并置成分相对应。

正反并置形式表达未知待解的意思，还有一种特别的"似 X 非 X"的结构，如例 294) 至例 296)。

294) 什么也不知道了，似睡非睡的，耳中刷刷的一片雨声。

His mind was blank as he slept fitfully, the rain sounding in his ears.

295) 打着面小旗，他低着头，嘴里叼着烟卷，似笑非笑的随着大家走，一

---

① 这个例句严格说来不是疑问句，而是陈述句，句尾应该用句点。但是原文是问号，此处不做改动。

声也不出。

Holding a small flag, he kept his head down and silently followed the crowd, a cigarette dangling from his lips, a half smile on his face.

296) 一些似云非云,似雾非雾的灰气低低的浮在空中,使人觉得憋气。

A suffocating gray vapor, neither cloud nor mist, hung low in the sky. Not a breath of wind anywhere.

这种结构中的"似 X"与"非 X"不是典型的正反,而且相应英译文也没有编码为析取的形式。这说明,正反并置形式可以表达未知待解的意思,但是未知待解的意思不一定用正反并置形式来表达。

正反并置还可以构成无条件句,即正面并置项或反面并置项充当条件时对结果不产生影响。在正反并置的结构中,一正一反的并置成分正好穷尽了整个论域,可以强调论述范围的周遍性,一旦与"无论""不管"等连词连用,就非常容易用来表达否定整个论域的无条件句。这种情况下,正反并置成分往往与"无论""不管"等连词共现,如例 297)至例 300);即使没有这些连词,也会出现语义相近的词语,如例 301)的"管什么"和例 302)的"不在乎"。

297) 'Give your evidence,' the King repeated angrily, 'or I'll have you executed, whether you're nervous or not.'

那皇帝道,"说出你的证据来,要不然就无论你害怕不害怕,总归要把你杀掉。"

298) 他非作个"车夫"不可,不管自己愿意不愿意;

... and he was determined to be a "rickshaw man," whether he felt like it or not.

299) 随便的把车放下,他懒得再动,不管那是该放车的地方不是。

He'd park his rickshaw anywhere he pleased, whether it was legal or not.

300) 歇了有一个月,他不管病完全好了没有,就拉上车。

After being laid up for a month, Xiangzi took his rickshaw out, mindless of whether he was completely recovered or not.

301) 管什么冬天不冬天呢!

To hell with winter!

302) 有姓无姓,他自己也并不在乎。

He himself didn't care <u>whether</u> he had a family name <u>or not</u>.

从例 297）至例 302）中可以看出，这种无条件句在英语中一般通过
"whether… or…"来表达。根据《英语交际语法》（Leech, et al., 2002:82），
"whether… or…"融合了条件关系和析取关系，表达两个相对立的条件，例如
"whether you like it or not"就相当于"if you like it, or even if you do not"。
因此也就带上了无条件的意味。

有趣的是，"whether"与"or not"常常共现，既可以如例 299）那样在
"whether"和"or not"之间插入其他成分，也可以像例 303）那样直接连用在一
起。这种可分可合的情形，与前面讨论过的正反隔置和正反紧随是非常相
似的。

303）他顾不得细调查它们<u>是不是</u>都在一块儿拴着，……

　　He had no time to worry <u>whether or not</u> they were tied together, …

从数量比例上看，121 个正反并置句对中，64 例是正反问，32 例表达未知
待解，25 例是无条件句，所占比例分别是 52.89%、26.45%、20.66%（如表 33
所示）。由此可以说，正反并置形式的主要语法功能是构造正反问这一类型的
问句。

表 33　正反并置的意义类型及其比例

意义类型	句对数量	在正反并置类型中的比例
正反问	64	52.89%
未知待解	32	26.45%
无条件句	25	20.66%

6.3.3　正反并置项的构成形式

从上面例子中可以看出，反面并置项大多借助"不""没""无"等否定标记
来构成。这时，正反并置的结构形式可以符号化为"A 不/没/无 A"，其中 A
一般是动词，也可以是形容词，如例 280）中的"可靠"，偶尔也可能是名词，如
例 301）中的"冬天"。

有时，正反也可以由各种反义词来体现，如例 304）和例 305）的"吉"和
"凶"，例 306）的"小"和"大"，例 307）中的"输"和"赢"。

304）<u>不管</u>是吉是凶，逃！

　　<u>Whatever</u> happened, good <u>or</u> bad, it was time to flee.

305) 在不准知道事情的吉凶的时候,人总先往好里想。

When confronted by something that could turn out either good or bad, people will always hope for the best.

306) "不知道！赶明儿你找人的时候,先问一声再拉门! 什么小福子大福子的!"

"Don't know her. Come back tomorrow, and next time, don't just barge in on people. Little Fuzi or Big Fuzi, never heard of her."

307) 赶上大家赌钱,他不像从前那样躲在一边,也过来看看,并且有时候押上一注,输赢都不在乎的,……

No longer did he shy away from watching the other men gamble, and some of the time he joined in, not caring whether he won or lost;…

从上述例子中可以看出,这类由反义词体现的正反并置项主要表达无条件的意思,只有例 305)可以归类为未知待解。

6.3.4　正反并置与析取关系

6.3.1 和 6.3.2 两小节对正反并置从结构和意义两个角度进行了分类。这两个角度并不互相排斥,实际上是两个相互独立的维度,交错组合后,可以产生 9 种情形。采撷上文的例子,总结呈现在表 34 中。

表 34　正反并置的结构与意义类型组配

意义类型	结构类型		
	正反紧随	正反隔置	正隐反显
正反问	你现在称心不称心呢?	我能一撒巴掌把你放了不能?	摔着没有?
未知待解	看有没有值得拾起来的烟头儿	不晓得这辈子还会再看见你不会嘞!	不晓得我昨儿晚上半夜里变了没有
无条件句	不管自己愿意不愿意	不管那是该放车的地方不是	不管病完全好了没有

从结构角度划分正反并置,有助于我们了解正反并置的种种语言形式。但是,要把握正反并置与析取关系的联系,就必须考察正反并置的三种意义类型与析取关系的概念基础,即不确定性之间的联系。

正反问作为疑问句中的一种,传递的是疑问语气,表达的自然是不确定性。胡裕树主编的《现代汉语》(1995:378)曾把正反问归为选择问的一个子类,只不过正反问的选项是一件事的正反两面。有了选择,就有了一定的不确定性。未知待解这一意义类型中常常出现的"不晓得""不知道"等词语,也可认为是不确定性标记。而在无条件句中,正反并置覆盖了全部论域,由于正反并置项不相容,并置项之间的关系只能优先解读为析取关系而非合取关系。所以,正反并置与析取关系的紧密关联是显而易见的。

通过以上讨论,我们发现,汉语中表达疑问语气的手段,除了语调、"什么"之类的疑问词、"吗""呢"之类的语气助词之外,析取支正反并置无疑是传疑范畴的一种重要的常见表达方法。除此之外,正反并置还可表达未知待解和无条件句。这三种意义类型在英语中也有一定的体现。与汉语中正反并置对应的常见英语析取关系标记有"whether… or not""whether… or…"等,这些关系标记连接的析取支一般是不相容的,这类例子并不少见,这也许是有些语言学家把英语中的"or"默认为表达不相容义的部分原因。

6.4 数字并置

不确定性也可以体现在数量上,数字并置往往可以表达不确定数量的概念,为此本节主要探讨汉语中数字并置与析取关系的关联,同时简要讨论非数字并置表示约量的情形。

6.4.1 约量、概数与析取关系

吕叔湘(1990:138)把表示不确定的数量称为约量,并指出接近的两个数字合用可以表示约量。教育部语言文字信息管理司(2012:33-34)在《出版物上数字用法解读》中则把不确定的数量称为"概数",并从具体的表示形式角度区分了概数的两种类型,其中一种是通过数字连用的形式来表示的概数,比如"四五个""多收了三五斗""百八十个"。由于表达不确定的数量概念未必通过典型的数字来表达,如"十几个""若干人"等,"概数"一词的"数"容易被认为只能是数字,因此我们采用"约量"这一说法。数字并置表示约量时,数字之间没有语音停顿,在书写上也就不加顿号。

Huddleston 等(2002:1304)在《剑桥英语语法》这本语法巨著中认为,"I have three or four letters to write"可以按字面解释成"I have either three or four letters to write（I'm not quite sure which）",但是更可能会被解读成约量,相当于"I have a few letters to write,something like three"的意思。在这里,Huddleston 等人对约量和严格意义上的析取关系做了区分。由于约量解读与析取解读共享同一种语言形式,两者都表达不确定性,我们在这里把数字并置表示约量看成是一种宽泛意义上的析取关系。

经检索,在析取关系句对库中,共有 127 个数字并置表示约量的句对(全部语例见附录 4),占库容的 20.72%,此外还有 26 个非数字并置表示约量的句对,占库容的 4.24%。数字并置表示约量和非数字并置表示约量,两者合起来,占库容的 24.96%。这一比例并不小,而且相应的英文基本上都以"or"来对应,这说明约量是语言表达中的重要概念,而且大多可以算作析取关系。

6.4.2　数量并置的结构类型

并置的数字有大小,有先后,而且在汉语中数字与量词常常共现。因此,表示约量的数字并置结构可以从并置数字大小的先后顺序、相邻性和共现的量词情况等三个维度来考察。

从数字大小的先后顺序上看,并置连用的两个数字可以是顺连的,也可以是倒连的,前者如例 308)中的"两三个",后者如例 309)中的"三两个"和"十天八天"。

308) 有一天,掌灯的时候,我还记得真真的,因为我同着<u>两三个</u>娘们正在门口坐着呢。

One night, soon after the lamps were lit, I recall it like it was yesterday, I was sitting outside with <u>two or three</u> of the other girls.

309) 不定是<u>三两个</u>月,还是<u>十天八天</u>,吹了;他得另去找事。

Sometimes he lasted <u>two or three</u> months, sometimes only <u>eight or ten days</u>, after which he was out looking for steady work again.

从数字大小的相邻性上看,并置连用的两个数字可以是相邻的,也可以是不相邻的,前者如例 310)中的"三四个",后者如例 311)中的"三五个"。其中,相邻的数字可以在个位上,如例 312)中的"三十七八岁",可以在十位上,如例 313)中的"二三十年",也可以在百位上,如例 314)中的"二三百年"。

310) 他又想往起立,过去三四个人忙着往起搀他。

Again he tried to stand, and this time three or four of the men helped him to his feet.

311) 这是跑长趟的,不愿拉零座;因为拉一趟便是一趟,不屑于三五个铜子的穷凑了。

Interested only in long hauls, these men disdain the short, penny-ante business.

312) 他自居老虎,可惜没有儿子,只有个三十七八岁的虎女——知道刘四爷的就必也知道虎妞。

He liked to think of himself as a tiger, but he had produced no male cub. He had an unwed daughter of thirty-seven or eight, and anyone who knew Fourth Master Liu knew his daughter, Huniu—Tiger Girl.

313) 可是现在——经过这二三十年来的变迁——已越混越低,有的已很难吃上饱饭。

… but now, after twenty or thirty years, their fortunes were dwindling, and some were even having trouble making ends meet.

314) 那二三百年的老铺户也忽然想起作周年纪念,借此好散出大减价的传单……

… shops that had been around for hundreds of years celebrated anniversaries by passing out handbills announcing grand sales.

从与数字并置共现的量词来看,并置的两个数字所携带的量词可以合二为一,如例 315) 中的"二三毛"实际上是"二毛三毛"的简化;可以分别出现,如例 316) 中的"两毛三毛";也可以省略,如例 317) 中的"一二发光的有色的小物件"。

315) 要不然两块钱清华——平常只是二三毛钱的事儿——为什么会没人抢呢?

… but two yuan to Tsinghua University—a trip that usually cost no more than twenty or thirty cents—why wasn't anyone interested?

316) 他去送一送,每一趟也得弄个两毛三毛的。

… each trip would end with twenty or thirty cents for him, …

317) 像买了一堆破烂那样,碎铜烂铁之中也有一二发光的有色的小物件,使人不忍得拒绝。

It was like buying a pile of junk and finding amid the rusting metals a few irresistible baubles.

上述的几个维度交叉组配,同时采撷析取关系句对库中的实际语料,可以得出表 35。

表 35　数字并置的结构类型

数字			量词		
			量词合一	量词复现	量词省略
数字顺连	数字相邻	个位	两三个,三十七八岁	两毛三毛	一二发光的有色的小物件
		十位	二三十年	十里二十里	?
		百位	二三百年	?	一百二百
	数字不相邻		三五个	三画五画,一趟八趟	三五成群,三五成团
数字倒连	数字相邻		三两个	三天两头	?
	数字不相邻		?	十天八天,十头八块	百儿八十

从表 35 可以看出,量词复现时,两个量词可以不同,如例 318)中的"三天两头"和例 319)中的"十头八块"。

318) 太太可手松,三天两头的出去买东西;

His wife was the opposite—she went out shopping every two or three days,…

319) 敲祥子,并不在侦探们的计划内,不过既然看见了祥子,带手儿的活,何必不先拾个十头八块的呢?

Fleecing Xiangzi had not figured in their plans, but since he'd fallen into their hands so easily, that little bit of money was there for the taking.

表 35 中,从上到下共有四个位置打了问号,是指在语料库中没有找到相应例子。前三个问号所在位置没有找到实例,也许跟语料库的容量有关,也许还有其他因素在起作用。最后一个问号所在位置不能找到实例,是由于能倒连的不相邻数字极其有限,如果量词合一就极易被误解,例如"十天八天"变成"十八天",就容易被认为是基数词的"十八"而非约量。

从表 35 可以看出,数字顺连的结构类型比数字倒连更加丰富。析取关系句对库中的量化统计也证实了这一点。在 127 个例子中,数字顺连的有 114 例,而数字倒连的仅有 13 例,只占数字并置所有语例中的 10.24%。这是因为能顺连的数字几乎不受限制,而且顺连且数字相邻时可以是个位数字相邻、十位数字相邻和百位数字相邻,但数字倒连时,能进入并置结构的数字仅限于"三""两""十""八""百""八十",结构形式也仅限于"三……两……""十……八……""百儿八十"。倒连的数字若是钱币的数量,有时也会涉及数额的换算,如例 320)中的"块儿八毛"相当于"十毛八毛"。

> 320) 就是老头子真犯牛脖子,我手里也有俩体己,咱俩也能弄上两三辆车,一天进个<u>块儿八毛</u>的,
>
> Even if he turns bullheaded, I've got enough put aside for you and me to own two or three rickshaws, which would bring in <u>at least one yuan</u> a day…

6.4.3 关于数字不相邻和数字倒连

根据上一小节的观察和描写,本小节结合吕叔湘(1990)、Huddleston 等(2002)和 Channell(1994)的相关论断来谈谈我们对数字并置中数字不相邻和数字倒连这两种情形的新认识。

关于数字不相邻。吕叔湘(1990:138)认为,不密接的两个数字合用,只有"三五",如"寻常三五个人休想近得他";"十"和"八"也可以合用,但须各别加单位词,如"这得常吃,十天八天未必见效"。吕叔湘所谓的"不密接"就是本书中所说的"不相邻"。他的上述判断大体是对的,但不够全面。我们在析取关系句对库中检索到以下实例:

> 321) 他不希望得三个大宝,只盼望换个<u>百儿八十</u>的,恰好够买一辆车的。
>
> Three dabao was probably out of the question, but he had hopes of getting <u>eighty or a hundred</u> yuan, enough to buy a rickshaw.
>
> 322) 她自己动不了窝,便派小福子<u>一趟八趟</u>的去买东西。
>
> Since her movements were restricted, Fuzi was sent out to buy things for her.

例 321)中的"百儿八十"就属于不密接的两个数字合用的情形。例 322)中的"一趟八趟"也是不密接的两个数字合用的,加上了动量词"趟"。当然,在这个例子中,"一"和"八"数字差距拉得很大,这就有了无条件的意味,即不管一趟还是八趟,她都只能派小福子去买东西。

关于数字倒连,Channell(1994:55)认为,"n or m"这种结构若表示约量,较小的数字总是在较大数字的前面(the smaller number must always precede the larger)。Huddleston 等(2002:1304)也认为,在英语中,要把两个数字通过"or"连接起来的结构解读为约量,就必须确保较小的数字位于较大的数字之前(the approximation interpretation is possible only where the smaller number comes first),也就是必须是顺连的。Channell(1994)以及 Huddleston 等(2002)的判断对英语来说是正确的,但对汉语来说未免偏颇。如上一小节所示,数字顺连确实比数字倒连常见,但是数字倒连而表示约量的例子也并不是没有。例 323)中的"三两个"和"十天八天"就属于数字倒连表示约量的情形,英译时倒是全部变成了"two or three""eight or ten days"这样的顺连结构。

323) 不定是<u>三两个</u>月,还是<u>十天八天</u>,吹了;他得另去找事。

　　Sometimes he lasted <u>two or three</u> months, sometimes only <u>eight or ten days</u>, after which he was out looking for steady work again.

数字倒连在以汉语为母语者语感中的可接受性并不低,一个证据是:诸如"三言两语""三三两两""一知半解""一鳞半爪""一年半载""一官半职"等成语中的数字都可以说是倒连的,而成语是以汉语为母语者所喜闻乐见的一种熟语。

这种数字倒连的结构,为什么对汉语使用者来说是可以接受的呢?我们猜测,可能可以从以下三个方面去解释。

首先,有些数字顺连的结构在古汉语中可作两个数字相乘来理解。例如,《红楼梦》中有一句诗"三五中秋夕,清游拟上元",其中"三五"是指十五。又如,"二八少女",是指十六岁的少女。这两个例子中的"三五"和"二八"都作乘法理解。采用数字倒连的结构,则会降低被误解为数字相乘的可能性。

其次,对以汉语为母语者来说,常见的数字倒连结构"三……两……"和"十……八……"中的"三"和"十"具有极大量的文化联想意义。在中国文化里,"三"常常代表多样性,如《道德经》中说"道生一,一生二,二生三,三生万物",而"十"则表示完全、全面、完整,如成语"十全十美"。由于"三"和"十"表示极大量,并置相连的另一个数字就只能逆向变小,而非顺向变大。

再次,从话语心理角度分析,话语建构者可以先想到较大的数字,把它作为数量区间的上限,而后觉得不那么确定,再折回较小的数字。如上一段所说,"三"和"十"在中国人文化心理中有极大量的意味,所以这两个数字的心理可及性较高,比较容易先想到。例 323)中所指的"三个月"是适合以月计的时长的上限,"十天"是适合以天计的时长的上限。根据本段的分析,例 324)中的"块儿八毛"被英译为"at least one yuan"是错误的,错在用了"at least"。"块儿八毛"是一块钱左右,而非最少有一块钱。同样的"块儿八毛"在例 325)中又被译成了"eighty or ninety cents"。译者给出不同的英译,与其说是随文释义,不如说是对这种英语中没有的数字倒连结构的理解没有到位。

324) 就是老头子真犯牛脖子,我手里也有俩体己,咱俩也能弄上两三辆车,一天进个<u>块儿八毛</u>的,

Even if he turns bullheaded, I've got enough put aside for you and me to own two or three rickshaws, which would bring in <u>at least one yuan</u> a day…

325) 他想好,破出<u>块儿八毛</u>的,得给刘四爷买点礼物送去。

He decided to spend <u>eighty or ninety cents</u> on a gift for Fourth Master Liu.

6.4.4 非数字并置表示约量

除了数字连用之外,英汉语中都还有其他一些表示约量的方法。观察句对库中的实例,可以说,汉语中不用"或""或者"来表示约量,而英语则在很多情况下借助"or"来表示约量。从 6.4.2 和 6.4.3 两小节所举的例子中可以看出,英语大多用"or"来对译汉语中表示约量的数字并置结构。

下面再来看英语包含"or"而汉语不是数字并置的句对。根据英语中的相应表达,这些句对可以分为三组。

第一组,以"数字＋or so"来表达。

326) 祥子没等她说完,就晃晃悠悠的走出来。走到一块坟地,四四方方的种着些松树,树当中有<u>十几个</u>坟头。阳光本来很微弱,松林中就更暗淡。

Without waiting for her to finish, Xiangzi stumbled back to the road and went over to a tidy little graveyard with <u>a dozen or so</u> graves surrounded by pine trees that dimmed the already faint sunlight.

327) 院子很小,靠着南墙根有棵半大的小枣树,树尖上挂着<u>十几个半红的枣儿</u>。

The yard was small, with a young date tree standing against the southern wall, which, at the time, had produced <u>a dozen or so</u> half-ripe dates on its top branches.

328）到了掌灯以后，客人陆续的散去，只有<u>十几位</u>住得近的和交情深的还没走，凑起麻将来。

Most of the guests had left for home by the time the lamps were lit, leaving only <u>a dozen or so</u> close friends who lived nearby. A mahjong table was set up.

329）车才拉过<u>半年来</u>的，连皮带的颜色还没怎么变，而且地道是西城的名厂德成家造的。

... it came from the renowned Decheng Factory and had only been in use for <u>six months or so</u>—its tires looked brand-new.

330）厂子里靠常总住着<u>二十来个</u>车夫；

<u>Twenty or so</u> men bunked in Harmony Shed,

331）中秋节后<u>十多天</u>了，天气慢慢凉上来。他算计着得添两件穿的。

The weather began to cool off <u>ten days or so</u> after the Mid-Autumn Festival, and he would soon need warmer clothes.

332）However, when they had been running <u>half an hour or so</u>, and were quite dry again, the Dodo suddenly called out 'The race is over!' and they all crowded round it, panting, and asking, 'But who has won?'

然而跑了<u>差不多半点钟光景</u>，大家跑得都跑干了，那渡渡鸟就忽然叫道"赛跑完了！"他们大家就气喘喘地挤过来，围着它问道，"那么是谁赢的呢？"

333）过了<u>差不多半点钟</u>，一个球门也没有得剩下来了，

... by the end of <u>half an hour or so</u> there were no arches left, ...

334）'I'm a poor man, your Majesty,' the Hatter began, in a trembling voice, '—and I hadn't begun my tea—<u>not above a week or so</u>—and what with the bread-and-butter getting so thin—and the twinkling of the tea—'

那帽匠声音发抖地说道，"陛下我是个穷人——我不过刚才起头喝我的茶，——喝了<u>没有一个礼拜出头</u>——而且说起那面包越弄越薄——而且那茶又要查夜——"

　　这一组汉语文本借助"几""差不多""来""多"等词语来表达模糊数量概念,在对应的英文中全部以"or so"来表达。《牛津高阶英语词典》第 8 版对"or so"的解释是"about"(大约),相当于例 332)和例 333)中的"差不多"。"大约"和"差不多"的意思相当于位于参考数值的上下都可以。但是,在例 326)至例 331)汉语中的约量表达都倾向于理解为大于参考数值,为何仍用"or so"来表达呢? 实际上,附于数字之后的"or so"本来就倾向于表达大于参考数值的意思。Quirk 等(1972:929)比较了"about ten years""ten or eleven years"和"ten years or so"三者的区别,他们认为:"about ten years"可以是多于十年,也可以是少于十年;"ten or eleven years"尽管有时被错误地用来指十一年多一点,但一般表达十年和十一年之间;而"ten years or so"一般超过十年,实际时长可以是十一年,也完全可以是十二年。Quirk 等(1972)对"or so"用法的判断,与英语"n or m"结构中较大的数字位于较小的数字之后这一规律相吻合。例 334)有些特别,"not above a week or so"相当于把一个礼拜以上的时长都否定了,所以汉译成了"没有一个礼拜出头"。

　　第二组,以"数字＋or more"有类似形式来表达。

335) 自己的三十多块钱,为治病已花去十多块,花得冤枉!

He had already spent ten or more of his thirty yuan on his illness, a waste of money.

336) 雪已下了寸多厚,祥子低着头走。

An inch or more of snow had fallen while he was inside. He started walking, head down.

337) 头发有时候一个多月不剃一回。

He often went a month or more without shaving his head,

338) 他不喜,也不哭,他只为那十几个铜子,陪着人家游街。

He neither took pleasure in nor cried over his role in such processions, for which he received ten cents or more.

339) 那头低得很深,双脚蹭地,跑和走的速度差不多,而颇有跑的表示的,是那些五十岁以上的老者们。

… those who ran with their heads down and shuffled along at a walking speed that only looked like a run were in their fifties or older.

340) 高兴呢,给她裁件花布大衫,块儿多钱的事。

If she pleased him, he could buy her a nice dress at a cost of one yuan or less.

这一组句对中,汉语原文里有"多""以上""几"等表达模糊数量概念的词语,大多英译为"or more",这时"or"之前的数值也小于"or"之后的数值。例339)中用"or older"来对译"以上",道理相同。例340)有些特殊,"块儿多钱"被反向英译成了"one yuan or less"。这个句子的上文说,军官不需要花很多钱就可以娶上小福子这样的姑娘,强调这种军官娶妻安家的成本很低。在这样的语境中,裁件花布大衫,只需花一块左右的钱,甚至更少,这样的说法是合理的,是为了取得语用效果上的对等。

第三组,用"a+名词+or two"来表达。

341) 余光散尽,黑暗似晃动了<u>几下</u>,又包合起来,静静懒懒的群星又复了原位,在秋风上微笑。

When the light died out, the darkness sputtered <u>a time or two</u> before coming together again, as the stars quietly, lazily, returned to their places and smiled at the autumn breezes.

342) 到后半夜,他忍了<u>几个盹儿</u>,迷迷糊糊的,似睡不睡的,像浮在水上那样忽起忽落,心中不安。

Sometime before daybreak he dozed off <u>a time or two</u>, in an uneasy daze, as if floating atop rolling waves.

343) 转圈看了大家一眼,<u>点了点头</u>,又咬了一截饼。

He looked at the other men in the shop, nodded <u>a time or two</u>, and took another bite of his flatbread.

344) 你也得学着<u>点</u>,拉一辈子车又算老几?

You could learn <u>a thing or two</u> from him. What's so great about pulling a rickshaw anyway?

345) 她不动,祥子当然不动;她要是先露出<u>点</u>意思,他没主意。

He would not make the first move and didn't know what he'd do if she dropped <u>a hint or two</u>.

346) 他,即使先不跑土窑子,也该喝<u>两盅</u>酒,自在自在。

Though he wasn't quite ready to go to a whorehouse, he could at least have <u>a drink or two</u> and relax.

347) This was such a new idea to Alice, that she was quite silent for <u>a minute or two</u>,

这句新鲜话,说得把阿丽思发愣了<u>半天</u>没有话说。

348) 更严重一些的,有时候碰了<u>行人</u>,甚至有一次因急于挤过去而把车轴盖碰丢了。

But there were worse mishaps: he sometimes ran down <u>a pedestrian or two</u>, and once even lost a hubcap by failing to squeeze through a narrow opening.

在例 341)至例 343)中,"a time or two"分别表示晃动、打盹、点头的模糊次数。例 344)和例 345)中的"点"也表示约量,吕叔湘(1990:139)就曾指出"点"可以表示约量。例 346)中的"两盅"和例 347)中的"半天"可以看作吕叔湘(1999:138)所指出的数字活用表示约量。例 348)中的"行人"被英译成"a pedestrian or two"是译者根据逻辑事理的增益,相当于将原文补充成"一两个行人",然后英译。此外,值得注意的是,这一组句对的英文"a+名词+or two"实际上是"a+名词+or two+名词"的简化说法,只是"two"后面的名词一般不说出来,还有"a"一般不用"one"来代替。Huddleston 等(2002:1304)指出,在这一结构中,用"a"可表示约量,改用"one"则表示选择。

除了以上三组之外,还有下面两个句对难以归类,但有一个共同点,两个句对都是译者出于某种考虑的特殊翻译处理,但也不排除是误译。

349) She said this last word <u>two or three times</u> over to herself, being rather proud of it:

她把"陪审员"三个字又说了<u>两遍</u>,自己觉得很得意:

350) 拉进城来,卖给汤锅,也值<u>十几多块</u>一头;

If you'd brought those camels into town and sold them to a slaughterhouse, you could have gotten <u>ten or fifteen</u> a head.

6.5 其他情形

英语中表达析取关系而相应汉语却不编码为析取关系的情形,还有层级序列与类属扩展两小类。

6.5.1 层级序列

在这一类别中,两个析取支所表达的内容有层级差异,形成一定的序列,如例 351)至例 355)。

351) 'It's no use speaking to it,' she thought, 'till its ears have come, or at least one of them.'

她想道,"我对它说话,它要是没有耳朵有什么用? <u>至少</u>总要等它现出一只耳朵再说话。"

352) 有了这点简单的分析,我们再说祥子的地位,就像说——我们希望——一盘机器上的某种钉子那么准确了。

Now with this overview of the rickshaw trade, let's see where Xiangzi fits in, in order to place—<u>or at least</u> attempt to place—him as precisely as a cog in a machine.

353) 一句话不对路,有的便要打孩子,有的便要打老婆;<u>即使</u>打不起来,<u>也</u>骂个痛快。

One careless word could easily lead to a beating—children or wives, it made little difference—<u>or at the very least</u> an angry outburst.

354) 不错,高妈的确有办法:自从她守了寡,她就把月间所能剩下的一点钱放出去,一块也是一笔,两块也是一笔,放给作仆人的,当二三等巡警的,和作小买卖的,利钱<u>至少是</u>三分。

Gao Ma did have a way with money. Since becoming a widow, she'd lent out whatever was left over at the end of the month to fellow servants, local policemen, and peddlers, one or two yuan at a time, at thirty percent <u>or higher</u> interest.

355) 怎样过这个"双寿"呢? 祥子有主意:头一个买卖必须拉个穿得体面的人,绝对不能是个女的。<u>最好</u>是拉到前门,<u>其次</u>是东安市场。

Now, how to celebrate this double birthday? He had an idea: his first ride had to be a well-dressed man, not a woman. <u>Ideally</u>, he'd take him to Front Gate <u>or</u>, second best, Dong'an Market.

从例 351)至例 355)可以看出,这些句对一般包含"at least""at the very least""至少"等词语。如果没有这些词语,在意思上往往也可以补出来,如例 352)中的"说"和"希望"在对自己论断的肯定性上有强弱之分,形成了一定的层级,所以可以把"至少"显化出来,补足成"至少我们希望"。例 353)中的"打"与"骂"在破坏性上也有层级差异。例 355)中的"最好是……其次是……"明确呈现了一个层级序列。从这些例子中可以看出,在表达有语义强弱之分的层次序列时,汉语中的析取关系标记一般不外显出来,尽管加上去也勉强说得通。

6.5.2 类属扩展

汉语中还有一类带"类""之类"的词语或短语,在英语中可借助析取关系标记"or"来表达,如例 356)和例 357)。

356) 老者又细细看了祥子一番,觉得他绝不是个<u>匪类</u>。

The old man sized Xiangzi up. He didn't seem like <u>a bandit or anything</u>.

357) 虎妞爱吃零食,每逢弄点<u>瓜子儿之类的东西</u>,总把小福子喊过来,一边说笑,一边吃着。

Any time Huniu, who was an inveterate snacker, had some <u>melon seeds or the like</u>, she would call Fuzi over to share them. And as they laughed and chatted,

例 356)中的"匪类"被英译成"a bandit or anything",例 357)中的"瓜子儿之类的东西"被英译成"melon seeds or the like","or anything"和"or the like"可以说分别充实扩展了"bandit"和"melon seeds"这两个类属。而汉语一般不通过析取关系标记来表达这种类属扩展的意思,只是附加上"类""之类"等词语即可。

至此,我们讨论的种种情形已经基本穷尽了平行语料库中的所有实例。

6.6 小　结

本章分平行并置、否定并置、正反并置、数字并置和其他情形五个小节讨论了汉语析取关系标记隐性存在时的英汉对译情况。前四个小节都跟并置有关,这说明并置是汉语中表达析取关系的重要手段。

赵元任在讨论汉语中合取关系的表达方式时曾敏锐地指出:"在汉语中,并不存在与英语'and'对应的真正的合取词。……归根结底,汉语表达并列关系靠的只是语词的并置(juxtaposition)。……这种用法与通常逻辑上的简化表达方式也是相吻合的,因为逻辑合取的简化表示就是并置。"(2002:800)

他接着讨论了汉语中包含"还是"的选择问句,并认为"汉语的选择问句,在语法上是一种合取,通常是用简单的并置方式来表达的"(赵元任,2002:801-802)。在这里,赵元任为合取和析取区分了形式和意义两个层面,选择问句表达的是析取意义,但形式上却是合取的,也就是并置这种合取形式表达了析取关系的意义。从本章前四节的例子和讨论来看,析取关系采用合取的形式,并不限于选择问句,还有平行并置、否定并置、正反并置、数字并置等情形。

有趣的是,在所讨论的例证的相应英文中,析取关系标记一般都是显性存在的。也许这是因为现代英语一般不允许使用并列短语的意合法,两个名词直接组合只能理解为定中关系(书面上用连接号"-"连接的由并列名词组成的复合词除外),如"apple pie"只能理解为"苹果的馅饼",而不能理解为"苹果和馅饼"(刘丹青,2008:134-135)。

第7章 结 论

7.1 主要的研究发现

本书旨在探讨英汉语析取关系表达法的异同。

本书的基本观点是:借用金岳霖对逻辑和逻辑系统的区分,可以认为,逻辑虽然是各民族普遍遵守的,但是不同的民族语言文化可以孕育出不同的逻辑系统,而不同的逻辑系统来源于不同的思维方式,并体现于不同的语言。在这一点上,如 2.2.3 小节所言,语言世界观与逻辑文化观是融通的。在语言与思维方式的关系上,朱晓农的观点透彻而且通达,他认为"作为语法和逻辑体现者的语言既是文化最伟大的成果,又是文化最重要的载体",而"使用不同语言暨处于不同文化背景中的民族的思维方式,除了共同性以外,又各具特点;不承认这一点,我们就会在西方文化中心观的压力下扭曲各种文化看待世界的不同方式。'思维是全人类共同的'这个命题只有在如下意义上来解释才是可接受的——使用不同语言且有不同文化背景的民族都同样具有通过学习来理解,甚至接受其他民族的思维方式的共同的能力"(1991:302-303)。各民族的逻辑思想均受其语言类型的影响而呈现出不同的样式,必须在各种具体语言的规律中运作和体现,因此推进自然语言逻辑的研究有助于对比语言学研究的进一步深入。

在这样的理论取向下,我们从自然语言逻辑角度出发,基于自建的双向平行语料库中的真实语料,考察了析取关系在英汉语两种自然语言中如何得以表达,把一些原先看似不相干的语言现象系联了起来,把与析取关系有关的散落于语法书各处的相关论述贯串起来并加以审视,就有可能透过表面现象得出一些较为有趣且科学合理的发现。本书主要的研究发现有以下六点:

第一,不确定性是析取关系的概念基础,能统一解释析取关系在英汉语中的各种体现,包括:1)英汉语中的析取关系标记均能表示措辞更新;2)析取命题与特称命题在汉语中有紧密关联;3)正反并置和数字并置在英汉语中均能经由一定的语法化而分别表示正反问和约量。

第二,与析取联结词相同,自然语言中的析取关系标记也是默认相容的,其不相容性的解读是由级差含义这一语用因素促成的。说到底,析取支之间是否相容,不仅要看使用什么类型的析取关系标记,还取决于析取支的内容在事理上是否相互排斥。

第三,尽管析取关系标记的使用受句类的影响,不同的句类往往倾向于使用不同的析取关系标记,但是与目前学术界的一般看法不同,语料显示在一定条件下汉语中的"或"的确能用于否定句和无条件句,"还是"也确实能用于表示未知待解的陈述句。

第四,从语料统计结果看,赵元任(2002:799)所认为的汉语中最常用的"不是 p,就是 q"这一表达法,只是汉语中一种较常见(而非最常用)的析取关系表达法。"不是……就是……"这种蕴涵形式能表达析取意义,有其"或""则"转换的逻辑基础,刻画了析取三段论的推理过程,也体现了以汉语为母语者阴阳对举思维的影响。

第五,在汉语表达中,借助"有的""有时候"分述各类情况的特称命题在翻译成英语时可以通过析取关系来表达,含有"或是"的汉语原文在英译文中有时也可以借助"one""the other"等词语来分述。这说明"或""有"转换确实有语言事实基础,其哲学根据在于将可变整体分析为个别整体时产生了可能性的概念。

第六,并置是汉语中表达析取关系的重要手段。平行并置、否定并置、正反并置和数字并置是汉语并置法表达析取关系的四种主要类型。其中,数字倒连并置表达约量的方式是汉语中特有而英语中不具备的,对其成因本书做了初步解释。

上述最后的三点发现,从某种意义上说,印证了王文斌的论断,即"性相近,习相远。英汉语言虽具人类交流思想的工具这一相近的本性,但缘于各自不同的人文历史递演,已孳生出殊异的表达习性"(2013:172)。对英汉语析取关系表达法的异同探讨,的确有助于窥探不同语言所体现出的不同民族的思维方式和表达习性。

7.2　理论意义和应用价值

就理论意义而言,本研究在以下三个方面或许能体现一定的参考价值:

第一,本研究把析取关系确立为人类语言中重要的语义功能范畴,作为一个例证展示了形式逻辑在语言对比研究中的方法论价值,有助于在语言对比研究中开启从命题逻辑中提炼共同的语义功能范畴的新视角。

第二,本研究建设并利用了双向翻译对等语料库,有效提高了语料反映语言事实的可靠程度。具体说来,有以下四点:采用翻译对等语料而非可比语料,可以尽可能保持表达内容的对等性;双向而非单向,可以在一定程度上弥补用翻译文本代替原创文本的不足;采用名作名译,可以提高译文在目标语文本中的代表性,尽量减少翻译腔的影响;扩展检索时采用一文多译,可以有效减少译者风格的影响,同时也能有效提高译文的多样性,采集到较少受原文形式束缚的翻译实例。举例来说,借助真实的语料和穷尽性的考察,我们挖掘并初步探讨了"或""有"转换的相关语言现象,即汉语中的"有的""有时候""一会儿"等表达可以转换为英语中的析取关系。这也许可以算得上陆俭明(2013:5)所说的有价值的语言事实,因为从"或""有"转换的语言事实可以进而窥探汉语析取关系表达法的有关特质。又如,借助自建的析取关系句对库,我们也找到了汉语中"或"类析取关系标记确实用于否定句、无条件句,"还是"用于陈述句的实例。

第三,本研究可以检验语言类型学的相关概括是否符合本研究语料呈现的实际情形。语言类型学研究"为语言对比研究提供了基本的对比分析框架"(许余龙,2010b:1),但是对具体语言的研究往往不够详尽,需要对比语言学研究成果的支持和充实,或修正,或否证。Mauri(2008a:177)在考察了印欧多种语言之后曾提出一个关于析取关系的蕴涵共性,即"在析取关系表达中,若没有借助关系标记编码,则必定存在某些非现实标记"(absence of a connective coding alternative → presence of some irrealis marker)。对照我们在第6章中对各类并置现象的语料考察,我们认为,并置是汉语中表达析取关系的重要手段,而并置并不借助析取关系标记,并置也很难说是非现实标记(irrealis marker)。如此说来,Mauri(2008a)提出的这一蕴涵共性是有缺陷的,至少可以说非现实标记的说法过于宽泛,不足以概括汉语中的相关语言事实。我们的研究对 Mauri(2008a)提出的蕴涵共性的否证再一次证明,语言对比的成果可以引发更深层次的语言类型学研究,最终使我们对语言的本质和规律(即语言共性)有更深刻的了解(许余龙,2010b:4)。

从实用价值角度来说,本研究对析取关系句对的各种情形的分类描写,对英汉语学习及其互译实践都有一定的指导作用。正如 Dixon(2005:xv)在《英语语义语法》一书的前言中所说的,"形式的"理论给语言套上了紧身衣,像时装一样不断更替,而基于类型学框架的语言描写能更真实地反映语言的自身特点。本书所采取的从析取关系语义到语言表达形式的研究取向,与这一思路相吻合,有助于揭示所对比语言的真实面貌。另外,本研究基于翻译对等的实际语料对英汉语析取关系表达法进行了较为系统的梳理,有助于帮助语言学习者了解英汉语言各自的析取关系表达法特点,从而促进自身的语言学习,提高学习者的英汉语水平。本研究对英汉互译实践也具有一定的指导意义,至少能在必要时为挣脱语言形式的束缚提供一定的依据,更灵活更地道地传达原文的信息内容。例如,在 6.5.1 小节中,我们曾归纳了当汉语中表达与层级序列有关的意义时,英译时有可能可以借助析取关系来表达。

7.3　不足之处及进一步研究的方向

析取关系的语言表达问题牵涉面很广,研究难度不小,需要深厚的学养、恰当的方法和长期的投入才能真正窥其堂奥。限于自己的精力和能力,本研究难免有诸多不足之处。这些不足,也是笔者为将来进一步研究而建议的方向。不足之处主要体现在以下三个方面:

第一,在描写的充分性和解释的充分性方面,本书对与析取关系有关的各类语言现象只是进行了粗疏的勾勒描写,对不少问题的说明也是点到即止,未能展开。对语言事实进行描写,对发现的问题进行理论上的解释,两者是互相依存、不可分离的。虽然说"摆事实摆到了位,要讲的道理也就在其中了"(沈家煊,2011:48),但是正如陆俭明所强调的,"从科学研究的角度说,无论哪个学科,对事实的考察和挖掘当然都很重要,但这毕竟只是研究的基础,还未达到真正意义上的科学研究。真正意义上的科学研究在考察、挖掘所得的事实以及内在规律后,还必须对之做出科学的解释,进一步总结出具有解释力的原则,升华为理论,以便解释更多的事实,从而使学科得以自立,得以发展"(2013:10-11)。我们需要在摆好事实的同时,把其中的道理进一步讲清楚,对背后的规律进行更深入的理论梳理和探索。

第二，由于我们认同自然语言逻辑的理论取向，认为语言与逻辑密不可分，同时由于析取关系这一语义功能范畴是基于逻辑上的析取词确立的，所以在利用与命题逻辑有关的析取关系这一术语来探讨自然语言的表达问题时，就会遇到在哪种意义上使用析取关系这一概念的问题。比如，在 5.2.3 小节中所讨论的"不然""要不""要不然"可以表达析取关系这种语义关系，却采用蕴涵关系的语言形式。在 6.6 小节中曾提到赵元任区分了析取的形式和意义层面，这实际上也容易让人产生一定的疑惑。命题逻辑固然揭示了有效推理的某些规律，固然在自然语言中也会有体现，但是就命题逻辑的演算和理解而言，没有歧义的人工语言更能发挥相应的作用。形式逻辑工具如何在自然语言研究中发挥作用，自然语言逻辑研究如何切实推进，一直是非常重要而又十分艰巨的课题。目前，本研究也只能像赵元任那样，"尽管我们希望认识汉语逻辑的运作方式，结果发现的可能却是逻辑在汉语中的运作方式"（Chao，1959:1）。

第三，本研究的不足还在于英汉语料的不平衡和语料库容量限制。在建设英汉双向平行语料库的过程中，限于时间和精力，我们只选取了《骆驼祥子》及葛浩文的英译本、*Alice's Adventures in Wonderland* 及赵元任的汉译本作为语料来源。其中，汉语原创文本共有 134051 个汉字，而英语原创文本有 26625 个单词，从比例上说，两者是不平衡的。另外，整个平行语料库的容量也是非常有限的。在 5.2 小节的语料考察中，我们没有检索到一个"要么……要么……"的实际语例，这正是由于有限的语料库容量导致的。虽然我们对自建语料库的考察是穷尽性的，沈家煊（2011:48-49）曾借助大龟小龟吃大小颗粒饲料的例子来类比性地论证穷尽探索个案的做法有其合理性，但是语料毕竟只限于两本小说及其译本，有限的库容难免会影响研究的可靠性。此外，*Alice's Adventures in Wonderland* 这部童话还有一个续篇 *Through the Looking-Glass, and What Alice Found There*，出版后同样受到众多读者的喜爱。限于精力，我们没有将其列入考察范围。如果列入，不仅体裁上符合我们的要求，而且在库容上会使英汉语更加平衡。

参考文献

奥尔伍德,等,2009. 语言学中的逻辑. 王维贤,等译. 北京:北京大学出版社.

北京大学中文系 1955、1957 级语言班,1982. 现代汉语虚词例释. 北京:商务印书馆.

卞孝萱,2001. 章士钊一生"三指要". 烟台师范学院学报(2):14-21.

陈波,2006. 逻辑学导论. 2 版. 北京:中国人民大学出版社.

陈汉生,1998. 中国古代的语言和逻辑. 周云之,等译. 北京:社会科学文献出版社.

陈慕泽,余俊伟,2011. 逻辑与批判性思维. 北京:中国人民大学出版社.

陈忠华,韩晓玲,2007. 语言学与文化人类学的边缘化及其交迭领域. 北京:外语教学与研究出版社.

程怀友,1988. 谈"不"的否定//王维贤,等. 虚词的逻辑特性. 乌鲁木齐:新疆人民出版社:102-123.

程仲棠,1990. 现代逻辑与传统逻辑. 广州:暨南大学出版社.

程仲棠,2006. 评张东荪的文化主义逻辑观. 中国哲学史(3):117-124.

程仲棠,2009. "中国古代逻辑学"解构. 北京:中国社会科学出版社.

褚孝泉,1991. 语言哲学——从语言到思想. 上海:上海三联书店.

邓云华,2005. 英汉联合短语的对比研究. 长沙:湖南人民出版社.

杜国平,2008. "或者"、"OR"逻辑特征对比分析. 重庆工学院学报(9):19-22.

傅玉,2012. 现代汉语中存在动词空缺句吗?. 外国语(5):24-34.

洪堡特,1999. 论人类语言结构的差异及其对人类精神发展的影响. 姚小平,译. 北京:商务印书馆.

胡裕树,1995. 现代汉语(重订本). 5 版. 上海:上海教育出版社.

胡壮麟,1999. 关系//赵世开. 汉英对比语法论集. 上海:上海外语教育出版社:254-291.

黄伯荣,廖序东,2007. 现代汉语. 增订四版. 北京:高等教育出版社.

黄华新,2000. 逻辑与自然语言理解. 长春:吉林人民出版社.

黄寿祺,张善文,2004. 周易译注. 上海:上海古籍出版社.

季进,2009. 我译故我在——葛浩文访谈录. 当代作家评论(6):45-56.

蒋严,2002. 论语用推理的逻辑属性——形式语用学初探. 外国语(3):18-29.

教育部语言文字信息管理司,2012. 出版物上数字用法解读. 北京:语文出版社.

金岳霖,1979. 形式逻辑. 北京:人民出版社.

金岳霖,1983. 知识论. 北京:商务印书馆.

金岳霖,1987. 论道. 北京:商务印书馆.

金岳霖,1990. 金岳霖学术论文选. 北京:中国社会科学出版社.

金岳霖,1995. 金岳霖文集(第1卷). 兰州:甘肃人民出版社.

鞠实儿,2010. 论逻辑的文化相对性——从民族志和历史学的观点看. 中国社会科学(1):35-47.

克里斯特尔,2000. 现代语言学词典. 沈家煊,译. 北京:商务印书馆.

黎锦熙,刘世儒,1962. 汉语语法教材. 北京:商务印书馆.

刘丹青,2008. 语法调查研究手册. 上海:上海教育出版社.

刘宓庆,2006. 新编汉英对比与翻译. 北京:中国对外翻译出版公司.

陆丙甫,2009. 从某些语言学术语的翻译谈起. 外国语(2):2-7.

陆俭明,2013. 再谈要重视对新的语言事实的挖掘. 当代修辞学(1):1-11.

吕叔湘,1990. 吕叔湘文集(第一卷:中国文法要略). 北京:商务印书馆.

吕叔湘,1999. 现代汉语八百词. 增订本. 北京:商务印书馆.

马清华,2005. 并列结构的自组织研究. 上海:复旦大学出版社.

潘文国,2001. 语言的定义//戴昭铭,陆镜光. 语言学问题集刊(第一辑). 长春:吉林人民出版社:17-40.

潘文国,谭慧敏,2006. 对比语言学:历史与哲学思考. 上海:上海教育出版社.

钱穆,1998. 钱宾四先生全集(47:双溪独语). 台北:联经出版事业公司.

尚志英,1992. 中西逻辑在命题和推理理论方面的学术差异//上海市逻辑学会. 现代逻辑与逻辑比较研究. 北京:开明出版社:167-178.

邵敬敏,2007. 现代汉语通论. 2版. 上海:上海教育出版社.

沈家煊,2011. 语法六讲. 北京:商务印书馆.

沈有鼎,1982. 墨经的逻辑学. 2版. 北京:中国社会科学出版社.

沈有鼎,1992. 沈有鼎文集. 北京:人民出版社.

盛新华,2010. 逻辑的语言表达研究. 北京:中国社会科学出版社.

石国进,鲁本录,2009. 哲学史视域中的真理理论及其比较研究. 理论月刊
　　(11):46-48.

宋文坚,1998. 逻辑学. 北京:人民出版社.

王国维,2007. 王国维文集(下部). 北京:中国文史出版社.

王还,1992. 汉英虚词词典. 北京:华语教学出版社.

王菊泉,2011. 什么是对比语言学. 上海:上海外语教育出版社.

王克喜,2000. 古代汉语与中国古代逻辑. 天津:天津人民出版社.

王克喜,2006. 论逻辑与文化. 南京社会科学(12):35-40.

王力,1984. 王力文集(第一卷:中国语法理论). 济南:山东教育出版社.

王路,1989. 逻辑和语言. 哲学研究(7):64-71.

王路,2000. 逻辑的观念. 北京:商务印书馆.

王路,2004. 逻辑基础. 北京:人民出版社.

王路,刘奋荣,2002. 逻辑、语言与思维. 北京:中国科学文化出版社.

王维贤,2007. 认知、交际和语法. 北京:中国社会科学出版社.

王维贤,等,1988. 虚词的逻辑特性. 乌鲁木齐:新疆人民出版社.

王维贤,李光焜,陈宗明,1989. 语言逻辑引论. 武汉:湖北教育出版社.

王文斌,2013. 论英语的时间性特质与汉语的空间性特质. 外语教学与研究
　　(2):163-173.

王运熙,周锋,1998. 文心雕龙译注. 上海:上海古籍出版社.

温儒敏,1998. 论老舍创作的文学史地位. 中国文化研究(1):90-96.

吴静,石毓智,2005. 英汉并列结构的语法共性与个性. 外语学刊(3):51-59.

伍铁平,1999. 模糊语言学. 上海:上海外语教育出版社.

夏征农,陈至立,2010. 辞海(第6版缩印本). 上海:上海辞书出版社.

邢福义,2001. 汉语复句研究. 北京:商务印书馆.

熊学亮,2007. 语言使用中的推理. 上海:上海外语教育出版社.

徐通锵,2005. 汉语结构的基本原理——字本位和语言研究. 济南:中国海洋
　　大学出版社.

徐阳春,2002. 现代汉语复句句式研究. 北京:中国社会科学出版社.

许余龙,2010a. 对比语言学. 2版. 上海:上海外语教育出版社.

许余龙,2010b. 语言的共性、类型和对比——试论语言对比的理论源泉和目
　　的. 外语教学(4):1-5.

杨全红,2012. 他终其一生体现了一个"真"字——翻译家傅雷印象之五. 英语
　　世界(12):123-124.

耶方斯,1981. 名学浅说. 严复,译. 北京:商务印书馆.

张斌,2010. 现代汉语描写语法. 北京:商务印书馆.

张岱年,成中英,等,1991. 中国思维偏向. 北京:中国社会科学出版社.

张东荪,1995. 理性与良知——张东荪文选. 上海:上海远东出版社.

张莹,2010. 近代汉语并列关系连词研究. 济南:山东大学.

章士钊,1961. 逻辑指要. 北京:生活·读书·新知三联书店.

赵元任,1979. 汉语口语语法. 吕叔湘,译. 北京:商务印书馆.

赵元任,2002. 赵元任语言学论文集. 北京:商务印书馆.

中国大百科全书总编辑委员会《哲学》编辑委员会,等,1987. 中国大百科全书·哲学. 北京:中国大百科全书出版社.

中国社会科学院语言研究所词典编辑室,2016. 现代汉语词典. 7 版. 北京:商务印书馆.

周刚,2002. 连词与相关问题. 合肥:安徽教育出版社.

周建设,1996. 中国逻辑语义论. 长沙:岳麓书社.

朱晓农,1991. 秦人逻辑论纲//申小龙,张汝伦. 文化的语言视界——中国文化语言学论集. 上海:上海三联书店:301-322.

诸葛殷同,1987. 试论"或者"和"要么". 清华大学学报(2):97-102.

Allwood, J., Lars-Gunnar, A. & Dahl, O., 1977. *Logic in Linguistics*. Cambridge:Cambridge University Press.

Baker, M., 2000. Towards a Methodology for Investigating the Style of a Literary Translator. *Target*, 12(2):241-246.

Biber, D., et al., 1999. *Longman Grammar of Spoken and Written English*. London:Pearson Education Limited.

Brinton, L. J. & Brinton, D. M., 2010. *The Linguistic Structure of Modern English*. Rev. ed. Amsterdam:John Benjamins Publishing Company.

Buchanan, S., 1927. *Possibility*. London:Kegan Paul, Trench, Trubner & Co., Ltd.

Bybee, J. L., 1998. "Irrealis" as a Grammatical Category. *Anthropological Linguistics*, 40(2):257-271.

Channell, J., 1994. *Vague Language*. Oxford:Oxford University Press.

Chao, Y. R., 1955. Notes on Chinese Grammar and Logic. *Philosophy East and West*, 5(1):31-41.

Chao，Y. R.，1959. How Chinese Logic Operates. *Anthropological Linguistics*，1(1)：1-8.

Chao，Y. R.，1968. *A Grammar of Spoken Chinese*. Berkeley：University of California Press.

Chao，Y. R.，2006. *Linguistic Essays by Yuen Ren Chao*. Beijing：The Commercial Press.

Chesterman，A.，1998. *Contrastive Functional Analysis*. Amsterdam：John Benjamins Publishing Company.

Comrie， B.， 2008. Subordination，Coordination：Form，Semantics，Pragmatics—Setting the Scene. In Vajda，E. J. (ed.). *Subordination and Coordination Strategies in North Asian Languages*. Amsterdam：John Benjamins Publishing Company：1-16.

Copi，I. M. & Cohen，C.，1990. *Introduction to Logic*. 8th ed. New York：Macmillan Publishing Company.

Crain，S. & Khlentzos，D.，2010. The Logic Instinct. *Mind & Language*，25(1)：30-65.

Crombie，W.，1985. *Process and Relation in Discourse and Language Learning*. Oxford：Oxford University Press.

Dixon，R. M. W.，2005. *A Semantic Approach to English Grammar*. 2nd ed. Oxford：Oxford University Press.

Dixon，R. M. W.，2009. The Semantics of Clause Linking in Typological Perspective. In Dixon，R. M. W. & Aikhenvald，A. Y. (eds.). *The Semantics of Clause Linking：A Cross-Linguistic Typology*. Oxford：Oxford University Press：1-55.

Duranti，A.，1997. *Linguistic Anthropology*. Cambridge：Cambridge University Press.

Elliott，J. R.，2000. Realis and Irrealis：Forms and Concepts of the Grammaticalisation of Reality. *Linguistic Typology*，4(1)：55-90.

Fabricius-Hansen，C.，& Ramm，W.，2008. *"Subordination" versus "Coordination" in Sentence and Text：A Cross-Linguistic Perspective*. Amsterdam：John Benjamins Publishing Company.

Foley，W. A.，1997. *Anthropological Linguistics：An Introduction*. Oxford：Blackwell.

Granger，S.，Lerot，J. & Petch-Tyson，S.，2003. *Corpus-Based Approaches to Contrastive Linguistics and Translation Studies*. Amsterdam：Rodopi.

Haack，S.，1978. *Philosophy of Logics*. Cambridge：Cambridge University Press.

Halliday，M. A. K. & Hansan，R.，1976. *Cohesion in English*. London：Longman Group Ltd.

Halliday，M. A. K. & Matthiessen，C. M. I. M.，1999. *Construing Experience Through Meaning：A Language-Based Approach to Cognition*. London：Continuum.

Haspelmath，M.，2004. *Coordinating Constructions*. Amsterdam：John Benjamins Publishing Company.

Haspelmath，M.，2007. Coordination. In Shopen，T.（ed.）. *Language Typology and Syntactic Description*（Volume II）. 2nd ed. Cambridge：Cambridge University Press：1-51.

Heine，B.，& Kuteva，T.，2002. *World Lexicon of Grammaticalization*. Cambridge：Cambridge University Press.

Huddleston，R. & Pullum，G. K.，2002. *The Cambridge Grammar of the English Language*. Cambridge：Cambridge University Press.

Humboldt，W. von，1988. *On Language：The Diversity of Human Language Structure and Its Influence on the Mental Development of Mankind*. Heath，P.（trans.）. Cambridge：Cambridge University Press.

Hurley，P. J.，2012. *A Concise Introduction to Logic*. 11th ed. Boston：Wadsworth.

Jackson，H.，1990. *Grammar and Meaning：A Semantic Approach to English Grammar*. London：Longman.

Jennings，R. & Hartline，A.，2016. Disjunction.（2016-03-23）［2021-03-01］. http://plato.stanford.edu/archives/win2014/entries/disjunction/.

Jespersen，O.，1924/1951. *The Philosophy of Grammar*. London：George Allen and Unwin.

Jespersen，O.，1933/2006. *Essentials of English Grammar*. London：Routledge.

König, E., 2008. Reviving Contrastive Linguistics: A Programmatic Sketch (Plenary Speech). Leuven: The 5th International Contrastive Linguistic Conference, July 7-9.

Lakoff, G., 1970. Linguistics and Natural Logic. *Synthese*, 22(1/2): 151-271.

Langacker, R. W., 2009. *Investigations in Cognitive Grammar*. Berlin: Walter de Gruyter.

Leech, G., & Svartvik, J., 2002. *A Communicative Grammar of English*. 3rd ed. London: Pearson.

Levinson, S. C., 1983. *Pragmatics*. Cambridge: Cambridge University Press.

Li, C. N. & Thompson, S. A., 1981. *Mandarin Chinese: A Functional Reference Grammar*. Berkeley: University of California Press.

Longacre, R. E. 1983. *The Grammar of Discourse*. New York: Plenum Press.

Mauri, C., 2008a. *Coordination Relations in the Languages of Europe and Beyond*. Berlin: Mouton de Gruyter.

Mauri, C., 2008b. The Irreality of Alternatives: Towards a Typology of Disjunction. *Studies in Language* (1): 22-55.

Parsons, S., 2001. *Qualitative Methods for Reasoning under Uncertainty*. Cambridge, MA: The MIT Press.

Quine, W. V., 1959. *Methods of Logic*. 2nd ed. New York: Holt, Rinehart and Winston.

Quirk, R., et al., 1985. *A Comprehensive Grammar of the English Language*. London: Longman.

Quirk, R., Greenbaum, S., Leech, G., et al., 1972. *A Grammar of Contemporary English*. London: Longman.

Sapir, E., 2002. *Language: An Introduction to the Study of Speech*. Beijing: Foreign Language Teaching and Research Press.

Sternberg, R. J. & Sternberg, K., 2012. *Cognitive Psychology*. 6th ed. Belmont, CA: Wadsworth Cengage Learning.

Strawson, P. F., 1952. *Introduction to Logical Theory*. London: Methuen.

van Dijk, T. A., 1977. *Text and Context: Explorations in the Semantics and Pragmatics of Discourse*. London：Longman.

van Dijk，T. A.，1979. Pragmatic Connectives. *Journal of Pragmatics*（3）：447-456.

Whorf，B. L.，1941/1956. Language，Thought，and Reality. In Carroll，J. B.（ed.）. *Language，Thought and Reality：Selected Writings of Benjamin Lee Whorf*. Cambridge，MA：The MIT Press：233-245.

Zhang，N. N.，2009. *Coordination in Syntax*. Cambridge：Cambridge University Press.

附　录

附录 1　汉语中包含"或"类析取关系标记的语例

不行,这个一定不好意思问人的;或者我会看见在哪儿墙上或是柱上写着:这是新西兰或者这是澳大利亚。"	… is this New Zealand or Australia?'…. No, it'll never do to ask: perhaps I shall see it written up somewhere.'
白等着在那小门那里,似乎没有什么好处,所以她又走回桌子那里,一半也希望再找着一个别的钥匙,不然或者也许找到一本什么书,里头有教人怎么像望远镜似的变小的诀窍:	There seemed to be no use in waiting by the little door, so she went back to the table, half hoping she might find another key on it, or at any rate a book of rules for shutting people up like telescopes:
她一看先还当着是一头海象或是一头大河马,	at first she thought it must be a walrus or hippopotamus,
她并没有捞到什么东西,可是她就听见哟地一叫,扑通一声,一下又是豁喇喇许多碎玻璃的声音,她从这个就猜那兔子大概是跌在一个黄瓜藤的架子或是什么东西上了。	She did not get hold of anything, but she heard a little shriek and a fall, and a crash of broken glass, from which she concluded that it was just possible it had fallen into a cucumber-frame, or something of the sort.
我猜我再吃点什么,或是喝点什么就行啦;可是那最大的问题就是什么呢?"	I suppose I ought to eat or drink something or other; but the great question is, what?'
阿丽思就四面看看各色各样的花和草叶子,可是她找不着什么在现在情形看起来像是应该吃或者应该喝的东西。	Alice looked all round her at the flowers and the blades of grass, but she did not see anything that looked like the right thing to eat or drink under the circumstances.

阿丽思道，"那么<u>或者</u>你的感觉许是两样的,在我所知道的,那是我一定会觉得古怪的。"	'Well, <u>perhaps</u> your feelings may be different,' said Alice; 'all I know is, it would feel very queer to *me*.'
阿丽思想索性等着罢,她又没有别的事情做,<u>或者</u>到底它是有点什么有用的话告诉她听也说不定。	Alice thought she might as well wait, as she had nothing else to do, and <u>perhaps</u> after all it might tell her something worth hearing.
这句新鲜话,说得把阿丽思发愣了半天没有话说。那鸽子就趁这机会连着说道,"你在这儿找蛋呢,我这一点总知道:那么<u>无论</u>你<u>是</u>一个小女孩儿<u>或是</u>一条长虫,于我是一样。"	This was such a new idea to Alice, that she was quite silent for a minute <u>or</u> two, which gave the Pigeon the opportunity of adding, 'You're looking for eggs, I know *that* well enough; and what does it matter to me whether you're a little girl <u>or</u> a serpent?'
那里头闹的声音可真是不小——又是叫,又是打喷嚏的声音,一会儿又是刮喇喇一声像一个盘子<u>或是</u>罐子打得粉粉碎似的。	And certainly there was a most extraordinary noise going on within—a constant howling and sneezing, and every now and then a great crash, as if a dish <u>or</u> kettle had been broken to pieces.
可是她又想道,"<u>或者</u>他不能不这样的;他的眼睛长得多么近头顶上呀。	'But <u>perhaps</u> he can't help it,' she said to herself; 'his eyes are so *very* nearly at the top of his head.
所以阿丽思就连着说道,"我想是二十四小时,要么<u>或者</u>是十二小时啊? 我——"	so she went on again: 'Twenty-four hours, I *think*; or is it twelve? I—'
那小东西又哭了一声(<u>或是</u>咕了一声,横竖辨不出哪一样),他们就呆呆着没有话说。	The poor little thing sobbed again (<u>or</u> grunted, it was impossible to say which), and they went on for some while in silence.
她对自己说道,"帽匠我曾经看见过,那三月兔一定最是有趣的多,而且<u>或者</u>因为现在是五月,它<u>也许</u>不会这么疯——无论怎么大概没有象三月里那么疯。"	'I've seen hatters before,' she said to herself; 'the March Hare will be much the most interesting, and <u>perhaps</u> as this is May it won't be raving mad—at least not so mad as it was in March.'
阿丽思答道,"<u>或者</u>没有。可是我知道我学音乐的时候要得拍时候的。"	'<u>Perhaps</u> not,' Alice cautiously replied; 'but I know I have to beat time when I learn music.'
那帽匠道,"<u>或者</u>先还不饿;可是你可以在一点半上等着,你要等多久就能等多久。"	'Not at first, <u>perhaps</u>,' said the Hatter: 'but you could keep it to half-past one as long as you liked.'

一会儿工夫那皇后就大发起脾气来了，差不多每分钟总是跺着脚嚷一回，"砍掉他的头！"或是"砍掉她的头！"	and in a very short time the Queen was in a furious passion，and went stamping about，and shouting 'Off with his head！' or 'Off with her head！' about once in a minute.
阿丽思看见她现在这么和气，倒也喜欢，她自己想她在那厨房里看见她那么野蛮，或者是被些胡椒面儿刺激出来的。	Alice was very glad to find her in such a pleasant temper，and thought to herself that perhaps it was only the pepper that had made her so savage when they met in the kitchen.
那公爵夫人道，"你的意见不错，于此可见——画兔画须难画耳，知人知面不知心'——或者简单些说就是'——再不要以为你自己不是对于别人所见的以为你从前的情形或是你不然也许会有过的情形相差的不是对于你所做过的对于他们似乎不同的样子。"	'I quite agree with you，' said the Duchess；'and the moral of that is—"Be what you would seem to be"—or if you'd like it put more simply—"Never imagine yourself not to be otherwise than what it might appear to others that what you were or might have been was not otherwise than what you had been would have appeared to them to be otherwise."'
阿丽思很客气地道，"我想你要是把它写下来，或者我会懂一点儿；象你那样说，我一点儿也听不懂。"	'I think I should understand that better，' Alice said very politely，'if I had it written down：but I can't quite follow it as you say it.'
"你没有在海底里住过多少罢?"——（阿丽思道，"我没有"）——"或许连一个龙虾也没人给你介绍过罢"——	'You may not have lived much under the sea—'（'I haven't，' said Alice）— 'and perhaps you were never even introduced to a lobster—'
拉出车来，在固定的"车口"或宅门一放，专等坐快车的主儿；	They stake out a spot at a rickshaw stand or by a manor gate and wait for people who are looking for speed.
这一派哥儿们的希望大概有两个：或是拉包车；或是自己买上辆车，有了自己的车，再去拉包月或散座就没大关系了，反正车是自己的。	This group of running brothers has two ambitions：one is to land a job as a private hire；the other is to buy one's own rickshaw，to own one outright. Then it makes no difference if they get paid by the month or pick up odd fares，since the rickshaws are theirs.

比这一派岁数稍大的,或因身体的关系而跑得稍差点劲的,或因家庭的关系而不敢白耗一天的,大概就多数的拉八成新的车;人与车都有相当的漂亮,所以在要价儿的时候也还能保持住相当的尊严。	The second class includes men who are slightly older and who, for health reasons, cannot run as fast, or whose family situation will not allow them to go all day without a fare. For the most part, their rickshaws are in good shape, if not particularly new. Since they manage to keep up appearances, they can still demand a respectable fee for their services.
被撤差的巡警或校役,把本钱吃光的小贩,或是失业的工匠,到了卖无可卖,当无可当的时候,咬着牙,含着泪,上了这条到死亡之路。	Laid-off policemen and school janitors, peddlers who have squandered their capital, and out-of-work laborers who have nothing more to sell and no prospects for work grit their teeth, swallow their tears, and set out on this road to oblivion.
可是他们还不如东交民巷的车夫的气儿长,这些专拉洋买卖的讲究一气儿由交民巷拉到玉泉山,颐和园或西山。	But even they are no match for their long-distance brethren in the Legacy Quarter, who take passengers from the diplomatic sector all the way to the Jade Fountain, the Summer Palace, and the Western Hills.
因为拉着洋人,他们可以不穿号坎,而一律的是长袖小白褂,白的或黑的裤子,裤筒特别肥,脚腕上系着细带;脚上是宽双脸千层底青布鞋;干净,利落,神气。	Since they serve foreigners, they do not wear the numbered jackets required of other rickshaw men. Instead, they dress in long-sleeved white shirts, black or white loose-fitting trousers tied at the ankles with thin bands, and black cloth-soled "double-faced" shoes—clean, neat, smart-looking.
假若他的环境好一些,或多受着点教育,他一定不会落在"胶皮团"里,而且无论是干什么,他总不会辜负了他的机会。	If he'd been born into a better family or received a decent education, he'd never have been reduced to joining the rubber tire crowd; no matter what trade he'd taken up, he'd have made the most of his opportunities.

在洋车夫里,个人的委屈与困难是公众的话料,"车口儿"上,小茶馆中,大杂院里,每人报告着形容着<u>或</u>吵嚷着自己的事,而后这些事成为大家的财产,像民歌似的由一处传到一处。	Among the brethren, injustices and hardships were constant topics of conversation. At rickshaw stands, in teahouses, and in tenement compounds, the men discussed, described, <u>and</u> argued about their lot, until these things became public property, like popular songs passing from mouth to mouth and place to place.
当他走到个小屋门<u>或</u>街门而必须大低头才能进去的时候,他虽不说什么,可是心中暗自喜欢,因为他已经是这么高大,而觉得还正在发长,他似乎既是个成人,又是个孩子,非常有趣。	Whenever he had to duck to walk through a door <u>or</u> gate, his heart swelled with pride, though he never said so. He was, he felt, an adult who was still a bit of a child, and how fascinating that was.
那辆车也真是可爱,拉过了半年来的,仿佛处处都有了知觉与感情,祥子的一<u>扭腰,一蹲腿,或</u>一直脊背,它都就马上应合着,给祥子以最顺心的帮助,他与它之间没有一点隔膜别扭的地方。	It was a wonderful rickshaw that within six months seemed to develop a consciousness and emotions of its own. When he twisted his body <u>or</u> stepped down hard <u>or</u> straightened his back, it responded immediately, giving him the help he needed. There was no misunderstanding, no awkwardness between them.
走,得扛着拉着<u>或</u>推着兵们的东西;站住,他得去挑水烧火喂牲口。	Always on the move, carrying <u>or</u> pulling <u>or</u> pushing things for the soldiers. When they stopped, he had to fetch water, light fires, and feed the livestock.
磨石口是个好地方,往东北可以回到西山;往南可以奔长辛店,<u>或</u>丰台;一直出口子往西也是条出路。	Moshi Pass was an ideal spot; heading northeast would take them to the Western Hills; heading south they'd reach Changxindian <u>or</u> Fengtai; heading west out of the pass was the best option.
不但是得慢走,还须极小心的慢走,骆驼怕滑;一汪儿水,一片儿泥,都可以教它们劈了腿,<u>或</u>折扭了膝。	And they aren't just slow—they are cautious, fearful of slipping. Any water puddle <u>or</u> patch of mud can result in a sprain <u>or</u> a cracked knee.
假若他想到拿这三匹骆驼能买到一百亩地,<u>或</u>是可以换几颗珍珠,他也不会这样高兴。	If he could have exchanged his camels for a hundred acres of farmland <u>or</u> a string of pearls, he would not have been nearly as happy.

171

恐怕就是在这三天里,他与三匹骆驼的关系由梦话或胡话中被人家听了去。一清醒过来,他已经是"骆驼祥子"了。	Sometime during those three days he must have dreamed about his three camels and <u>muttered aloud</u>, for when he was conscious again he had gained a nickname: Camel Xiangzi.
过了些日子,大伙儿看祥子仍然拉车,并没改了行当,或买了房子置了地,也就对他冷淡了一些,而提到骆驼祥子的时候,也不再追问为什么他偏偏是"骆驼",仿佛他根本就应当叫作这个似的。	For a few days, that is, until they saw him pulling a rickshaw again instead of taking up a new trade <u>or</u> buying a house <u>or</u> some land, and their attitude cooled off. Now, when someone mentioned Camel Xiangzi, no one bothered to ask why he was called camel, of all animals. They just accepted it.
在车口儿上,或茶馆里,他看大家瞪他;本想对大家解释一下,及至看到大家是那么冷淡,又搭上他平日不和他们一块喝酒,赌钱,下棋,或聊天,他的话只能圈在肚子里,无从往外说。	At rickshaw stands <u>or</u> in teahouses, when he noticed the disapproving glares, he wanted to explain himself. But since they all gave him the cold shoulder, compounded by the fact that he never drank <u>or</u> gambled <u>or</u> played chess <u>or</u> simply passed the time with them, he forced the words back down and kept them inside.
独自抱着壶茶,假若是赶上在茶馆里,或独自数着刚挣到的铜子,设若是在车口上,他用尽力量把怒气纳下去。	Alone with his pot of tea in a teahouse <u>or</u> counting his earnings at a rickshaw stand, he swallowed his anger.
有了这个事实,或者他不至于到快死的时候遭了恶报。	and that on his deathbed he <u>would</u> not have to suffer retribution for his misdeeds.
送到衙门,赶紧回来,拉二太太上东安市场或去看亲友。	and then return home to pick up the concubine to take her to Dong'an Market <u>or</u> to visit friends.
人和厂的前脸是三间铺面房,当中的一间作为柜房,只许车夫们进来交账或交涉事情,并不准随便来回打穿堂儿,因为东间与西间是刘家父女的卧室。	The Harmony Shed facade was made up of three shop fronts. The middle one, the accounting office, was off-limits to the rickshaw men except for settling accounts <u>or</u> conducting business. They were forbidden from using it to enter the yard because the eastern and western rooms were the bedrooms of the owner and his daughter.

自己既不肯动,他倒希望虎姑娘快快进屋去,或是命令他干点什么,简直受不了这样的折磨,一种什么也不像而非常难过的折磨。	Aware that it was not his place to move, he was hoping that she would either turn and go back inside or tell him what to do. The tension was more than he could take, like nothing he'd ever known. It was unbearable.
看看南屋,没有灯光,大概是都睡了;或者还有没收车的。	The southern rooms were dark, so the men were either in bed or hadn't quit for the day.
天上很黑。不时有一两个星刺入了银河,或划进黑暗中,带着发红或发白的光尾,轻飘的或硬挺的,直坠或横扫着,	The night was black as pitch. A star or two twinkled in the Milky Way or burned through the darkness, dragging red or white tails behind them, breezy or durable, falling earthward or racing across the sky, like dazzling explosions.
迷迷糊糊的他拉了几个买卖。就是在奔跑的时节,他的心中也没忘了这件事,并非清清楚楚的,有头有尾的想起来,而是时时想到一个什么意思,或一点什么滋味,或一些什么感情,都是渺茫,而又亲切。	In his disoriented state, Xiangzi pulled a couple of fares, but even as he ran he could not stop thinking about this business, and not in a clear, methodical fashion. Rather, random bits and pieces surfaced in his head—a particular meaning or feeling or emotion, vague and yet close and very personal.
祥子遇见过的主人也不算少了,十个倒有九个是能晚给一天工钱,就晚给一天,表示出顶好是白用人,而且仆人根本是猫狗,或者还不如猫狗。	Xiangzi had worked for several employers, nine out of ten of whom would be late paying wages to show that they would rather not pay at all, since, in their view, servants were little more than dogs or cats, if that.
当在乡间的时候,他常看到老人们在冬日或秋月下,叼着竹管烟袋一声不响的坐着,他虽年岁还小,不能学这些老人,可是他爱看他们这样静静的坐着,必是——他揣摩着——有点什么滋味。	Back in his village, he often saw old men sitting outdoors on a winter day or beneath an autumn moon, quietly smoking their bamboo pipes, and though he was too young to imitate them, he took pleasure in trying to figure out what made the activity so special.
曹宅睡得很早,到晚间九点多钟就可以没事了,他独自坐在屋中或院里,翻来复去的想,想的是这两件事。	The Cao family went to bed early, leaving Xiangzi with time on his hands after nine o'clock, time he spent in his room or outside mulling over his problems.

他不敢赶上她去闲谈,但在院中或门口遇上她,她若有工夫说几句,他就很愿意听她说。她每说一套,总够他思索半天的,……	and he was reluctant to pass the time of day with her. But if they met in the yard or one of the doorways, he eagerly listened to what she had to say, for that would give him something to think about for the rest of the day.
当巡警的到时候不给利,或是不归本,找他的巡官去!	If a policeman refuses to pay interest or holds back the principal, go see his superior.
正如在饭馆或宅门外遇上驶汽车的,他们不肯在一块儿闲谈;驶汽车的觉得有失身分,要是和洋车夫们有什么来往。	Chauffeurs who waited in their cars in front of restaurants or private residences would not be caught dead chatting with rickshaw men, for that would be beneath their dignity.
欢喜或忧惧强迫着人去计划,布置;	Happiness and worries forced people to plan and make arrangements.
现在,他可以自由的看一眼了,可是他心中觉得这个景色有些可怕:那些灰冷的冰,微动的树影,惨白的高塔,都寂寞的似乎要忽然的狂喊一声,或狂走起来!	Now he was free to look, but the scenery frightened him. The cold, gray ice, the rustling trees, and the deathly pale pagoda were so forlorn they seemed poised to shout hysterically or dance madly.
在冬天,遇上主人有饭局,或听戏,他照例是把电石灯的水筒儿揣在怀里;因为放在车上就会冻上。	In the winter, when his employer had a dinner engagement or went to the theater, he would take the water bottle out from under the carbide lamp and hold it up against his chest; the water would freeze if left on the rickshaw.
这一带没有什么铺户,可是远处的炮声还继续不断,时时的在黑空中射起个双响或五鬼闹判儿。	Though there were few shops in the area, firecrackers kept exploding in the distance, and every once in a while a double-pop rocket or a Five-Devils Starburst lit up the night sky.
假若虎妞是个男子,当然早已成了家,有了小孩,即使自己是个老鳏夫,或者也就不这么孤苦伶仃的了。	If she'd been a man, by now she'd have been married with children, and even as an aging widower, he would not have felt so alone.
大家请他加入打几圈儿牌,他不肯说精神来不及,而说打牌不痛快,押宝或牌九才合他的脾味。	When his guests invited him to join them in a game of mahjong, he declined, though, insisting that a lack of stamina had nothing to do with it. No, he said, dice games and pai gow were more to his liking, …

号数不少,可是多数的是给四十铜子<u>或</u>一毛大洋。	Many had contributed, but most for no more than forty cents <u>or</u> ten silver pennies.
只有那顶小的孩子才把屁股冻得通红的在院里玩耍<u>或</u>打架。	Only the very youngest were free to play <u>and</u> tussle in the compound, their bare bottoms turned red by the freezing air.
她们的身上只挂着些破布,肚子盛着一碗<u>或</u>半碗粥,<u>或者</u>还有个六七个月的胎。	Clad in rags and with a bowl <u>or</u> less of gruel in their stomachs, the heavily pregnant women did their work…
他晓得自己的病源在哪里,可是为安慰自己,他以为这<u>大概也许</u>因为二十多天没拉车,把腿摆生了;跑过几趟来,把腿蹓开,<u>或者</u>也就没事了。	He knew why and consoled himself by attributing it to a three-week layoff. A few more hauls to limber up his legs <u>and</u> he'd be back.
因此,她才越觉得有点意思,她颇得用点心思才能拢得住这个急了也会尥蹶子的大人,<u>或</u>是大东西。	With this in mind, she knew she'd have to tread more carefully if she was going to hold on to this big fellow—this big creature—who could buck and kick if pushed too far.
长老了的虱子——特别的厉害——有时爬到老人<u>或</u>小儿的棉花疙疸外,领略一点春光!	Lice that had survived the winter were especially savage; they crawled out of the padded clothes worn by the very old <u>and</u> the very young to get a taste of spring.
姑妈说四爷确是到她家来过一趟,大概是正月十二那天吧,一来给她道谢,二来为告诉她,他打算上天津,<u>或</u>上海,玩玩去。	Fourth Master had indeed been by, her aunt said, around the twelfth day of the new year, both to thank her and to tell her he planned to go to Tianjin <u>or</u> Shanghai to relax and enjoy himself.
他很想换一份套子,换上土黄<u>或</u>月白色儿的,<u>或者</u>足以减去一点素净劲儿。	and he would have preferred new fittings in bronze <u>or</u> soft yellow, <u>to</u> give it a livelier appearance.
他们会给办红白事的去打执事,会去跟着土车拾些碎铜烂纸,有时候能买上几个烧饼,有时候只能买一斤麦苌白薯,连皮带须子都吞了下去,有时候俩人才有一个大铜子,只好买了落花生<u>或</u>铁蚕豆,虽然不能挡饥,可是能多嚼一会儿。	So they began running errands at weddings and funerals and digging in garbage carts for scrap iron and paper they could sell for a few flatbreads <u>or</u> some sweet potatoes, which they'd gobble down, skins, roots, and all. If all they managed to earn was a small coin, they'd spend it on peanuts <u>or</u> broad beans, not enough to stave off hunger but something to chew on at least.

这点神气使她——正如一切贫而不难看的姑娘——像花草似的,只要稍微有点香气或颜色,就被人挑到市上去卖掉。	… and this expression endowed her with the look of a flower, so common in attractive girls born to poverty: once they have a bit of fragrance or color, they are taken to be sold at the market.
若找不到这点资本,便结伴出城到护城河里去洗澡,顺手儿在车站上偷几块煤,或捉些蜻蜓与知了儿卖与那富贵人家的小儿。	If no money was to be found, they'd go in groups down to the moat for a bath, stopping along the way to pilfer a few lumps of coal at the train station or catch dragonflies or cicadas to sell to the children of the rich.
那吃不上饭的,当已无处去当,卖已无处去卖——即使有东西可当或卖——因为天色已黑上来。	For those who had nothing to eat, it was too late to pawn or sell anything—if they had anything to pawn or sell in the first place— …
这种钱只许他再去喝酒,因为他要是清醒着看见它们,他就会去跳河或上吊。	… more money to drink away. If he'd ever seen this with a clear head, he'd probably have drowned or hanged himself.
还有的,因为中了暑,或是发痧,走着走着,一头栽在地上,永不起来。	Then there were those who walked along until heatstroke or a case of cholera sent them pitching to the ground, from which they never rose again.
有的屋顶漏得像个喷壶,把东西全淋湿,忙着往出搬运,放在炉旁去烤,或搁在窗台上去晒。	In other places, water poured in through holes in the ceilings, soaking household items that were quickly moved up near the stoves or up onto windowsills to dry out.
一场雨,也许多添几个妓女或小贼,多有些人下到监狱去;大人病了,儿女们作贼作娼也比饿着强!	A rainstorm added to the number of prostitutes and thieves and increased the prison populations; better for the children of the sick to turn to these vices than starve.
"啊!"他不放心他的车,唯恐被丁四,或任何人,给拉坏。	"Oh!" That worried him. What if Ding Si damaged his rickshaw?
她的一点头,或一笑,都是最美满的回答,使他觉得真是成了"家"。	He could ask for no better reply than a nod or a smile, and he would feel that he had a home.
现在他也出上四十铜子的份子,或随个"公议儿"。	now he'd kick in forty cents or whatever his share of a joint gift might be.

不但是出了钱,他还亲自去吊祭或庆贺,因为他明白了这些事并非是只为糟蹋钱,而是有些必须尽到的人情。	And that wasn't the end of it: he made a point of participating in the wake or offering his congratulations, for he had come to realize that these gestures were an essential component of human relations, not a waste of money.
在这里人们是真哭或真笑,并不是瞎起哄。	The wails and joyful outbursts were genuine, not an act.
不过,她虽然长得美,打扮得漂亮,可是他不知为何一看见她便想起虎妞来;她的身上老有些地方像虎妞,不是那些衣服,也不是她的模样,而是一点什么态度或神味,祥子找不到适当的字来形容。	But despite her beauty and delicate makeup, there was something about her that reminded him of Huniu. It wasn't her clothes or her looks; no, it had more to do with her attitude and her behavior, though Xiangzi had trouble putting it into words.
大家争着告诉他去买什么药,或去找哪个医生。谁也不觉得这可耻,……	His friends eagerly gave advice on which drugs to use and which doctor to go to, none of them seeing anything shameful about his predicament.
他自己忘掉羞耻,可也不以这为荣,就那么心平气和的忍受着这点病,和受了点凉或中了些暑并没有多大分别。	Forgetting his shame, but taking no pride in what had happened to him, he took his sickness in stride, treating it as if he'd caught a cold or suffered a bit of heatstroke.
赶到阴天或换节气的时候,他的骨节儿犯疼,再临时服些药,或硬挺过去,全不拿它当作一回事。	On overcast days or during seasonal changes, when his joints began to ache, he would take a few more doses or tough it out, not caring one way or the other.
越闲越懒,无事可作又闷得慌,所以时时需要些娱乐,或吃口好东西。	The more time he had on his hands, the lazier he grew, and the only way to lessen his boredom was to entertain himself with amusements or to treat himself to some good food.
二强子本来可以自己挣饭吃,那两个弟弟也可以对付着去俩人拉一辆车,或作些别的事了;祥子,没她可不行。	Er Qiangzi could take care of himself, and her brothers could manage by pulling a rickshaw in tandem or find another trade. But Xiangzi could not do without her.

南北海里的绿柳新蒲,招引来吹着口琴的少年,男男女女把小船放到柳阴下,或荡在嫩荷间,口里吹着情歌,眉眼也会接吻。	Green willows and new reeds at Nanhai and Beihai Lakes drew youths to their shores to play their mouth organs; boys and girls rowed boats into the shade of overhanging willows <u>or</u> in among tender lotus leaves, where they sang love songs and kissed with their eyes.
东便道上有一大块阴影,挤满了人:老幼男女,丑俊胖瘦,有的打扮得漂亮近时,有的只穿着小褂,都谈笑着,盼望着,时时向南<u>或</u>向北探探头。	People filled a large patch of shade on the east side of the street, shoulder to shoulder—young and old, male and female, the ugly and the handsome, the fat and the skinny, some dressed with a modern flair, others in traditional mandarin jackets, but all chatting and smiling with keen anticipation and casting frequent glances to the north <u>and</u> south.
苇叶微动,<u>或</u>一只小鸟忽然叫了一声,使他急忙立起来,头上见了汗。	But each time the reeds rustled <u>or</u> a bird cried out he jumped to his feet, sweating nervously;
小鱼又结成了队,张开小口去啃一个浮着的绿叶,<u>或</u>一段小草。	… the fish came together to nibble at green leaves <u>or</u> water grasses.
连抬杠的杠夫也有时坐上火车到天津<u>或</u>南京去抬那高官贵人的棺材。	Even pallbearers sometimes rode the train to Tianjin <u>or</u> Nanjing to help carry the coffins of the rich and powerful.
穿上杠房<u>或</u>喜轿铺所预备的绿衣<u>或</u>蓝袍,戴上那不合适的黑帽,他暂时能把一身的破布遮住,稍微体面一<u>些</u>。	He dressed in green robes supplied by funeral homes <u>or</u> blue ones from bridal shops and wore ill-fitting caps, all of which hid the rags he wore underneath and gave him a bit of respectability.
脏病使他迈不开步,正好举着面旗,<u>或</u>两条挽联,在马路边上缓缓的蹭。	… though his unspeakable sickness slowed him down. He would shamble along by the side of the road holding up a banner <u>or</u> a pair of scrolled elegies.
他那么大的个子,偏争着去打一面飞虎旗,<u>或</u>一对短窄的挽联;那较重的红伞与肃静牌等等,他都不肯去动。	He put his large body only in the service of carrying a flying-tiger pendant <u>or</u> a pair of short scrolls. He refused to hoist the heavy red parasols <u>or</u> solemn tablets.

附录2　包含"不然""要不""要不然"的原创汉语语例

祥子看出来,出城一定有危险,要不然两块钱清华——平常只是二三毛钱的事儿——为什么会没人抢呢?	Xiangzi did not have to be told that going outside the city gate was risky, <u>but</u> two yuan to Tsinghua University—a trip that usually cost no more than twenty or thirty cents—why wasn't anyone interested?
他必定是个很奇怪的拉骆驼的,他想,<u>要不然</u>,大家为什么这样呆呆的看着他呢?	He must have looked like a very strange camel herder. Why <u>else</u> would they be gawking at him that way?
曹先生被凉风一飕,大概是半睡着了,<u>要不然</u>他必会阻止祥子这样的飞跑。祥子是跑开了腿,心中渺茫的想到,出一身透汗,今天可以睡痛快觉了,不至于再思虑什么。	Fanned by the cool air, Mr. Cao dozed off; <u>otherwise</u>, he would have told Xiangzi to slow down. But Xiangzi was sure that a good sweat would help him sleep soundly that night, undisturbed by his thoughts.
这回,比以前所混过的宅门里的事都轻闲;要不是这样,他就不会应下这个事来。他现在懂得选择事情了,有合适的包月才干;<u>不然</u>,拉散座也无所不可,不像原先那样火着心往宅门里去了。	His duties at this new manor were lighter than those he'd worked at in the past; he would not have taken the job otherwise, having learned the virtue of discernment. He'd take on a monthly hire only if it suited him. <u>If not</u>, he'd continue picking up stray fares. He no longer felt a fire in his belly to work at one of the manors.
她已经露出点意思来了吧? 要不然,干吗散了杨妈而不马上去雇人,单教祥子帮忙做饭呢?	But she had already opened the door a crack, which was <u>the only reason</u> he could think of for her sending Yang Ma on her way and not hiring another maid right away.
他等着,他怀疑院里也许没有人,要不然为什么这样的安静呢,安静得几乎可怕。	He waited, beginning to suspect that there was no one home. Why <u>else</u> would it be so dreadfully quiet?
"你喝! <u>要不</u>我揪耳朵灌你!"	"Finish it. <u>If you don't</u>, I'll grab you by the ear and pour it down your throat."

够买车的数儿,你再要,一个小子儿也短不了你的;现在要,他<u>要不</u>骂出你的魂来<u>才怪</u>!	Ask for it when you've got enough to buy a rickshaw. If you try it now, you'll be lucky to hold on to your soul!
这还算小事,碰巧了他们花钱一运动,闹个几年徒刑;官面上交待不下去,<u>要不</u>把你垫了背<u>才怪</u>。	But that's just the beginning. They can pull strings and get off with a few years behind bars and make you the scapegoat.
"你的钱? 我帮你这些年了;没我,你想想,你的钱<u>要不</u>都填给野娘们<u>才怪</u>,咱们凭良心吧!"她的眼又找到祥子,"你说吧!"	"Yours? Without me around to help you all these years, you'd have spent it all on whores. Let's be fair." Her eyes sought out Xiangzi. "Say something."
像变戏法的,她解释给他听:"<u>要不</u>这么冤你一下,你怎会死心踏地的点头呢! 我在裤腰上塞了个枕头! 哈哈,哈哈!"	Like explaining a magic trick, she said, "Would you have gone along <u>if not</u> for this little deception? I don't think so. I stuffed a pillow in my pants."
"没错! 太太<u>要不</u>放心,我把她带来,教太太看看!"	"I understand. If she has any concerns, I'll bring Fuzi over to let her see for herself."

附录3　汉语文本中正反并置的语例

不用说别的,把你圈上三个月,你野鸟似的惯了,愣教你坐黑屋子,你受得了受不了?	Think for a minute. You've lived like a wild bird all your life；do you think you could stand being locked up in a cage for three months?
到拐弯抹角的地方,他整着身子硬拐,大家都替他攥着把汗;他老像是只管身子往前钻,而不管车过得去过不去。	People had to hold their breath as they watched him take corners, seemingly caring only if he, and not his rickshaw, safely made it through.
我不屈心,我吃饱吃不饱不算一回事,得先让孩子吃足!	It means nothing to me if I go hungry, so long as you have food to eat.
但是我倒不晓得? 猫吃蝙蝠子不吃的?	But do cats eat bats, I wonder?
但是她先等几分钟看看她自己还再缩不再缩:	however, she waited for a few minutes to see if she was going to shrink any further：
等我来试试,看我还记得从前所知道的事情不记得。	I'll try if I know all the things I used to know.
我要对这耗子说话不晓得有点儿用处没有?	'Would it be of any use, now,' thought Alice, 'to speak to this mouse?
不晓得这辈子还会再看见你不会嘞!	I wonder if I shall ever see you any more!
你现在称心不称心呢?	Are you content now?
阿丽思不晓得照规矩她应该不应该先说话,她就胆小地问道,	said Alice, a little timidly, for she was not quite sure whether it was good manners for her to speak first，
阿丽思很着急地对那做饭老妈子瞧了一瞧,看她领会没领会公爵夫人的意思,	Alice glanced rather anxiously at the cook, to see if she meant to take the hint；
她想道,"可是也许他做着个哭脸。"她就再瞧瞧他的眼睛,看他有眼泪没有。	'But perhaps it was only sobbing,' she thought, and looked into its eyes again, to see if there were any tears.
她称呼道,"歙县猫儿。"她心上有点胆小,因为一点不晓得那猫喜欢这个名字不喜欢;可是那猫笑得嘴更开一点。	'Cheshire Puss,' she began, rather timidly, as she did not at all know whether it would like the name：however, it only grinned a little wider.

你知道不知道它为什么叫黄蟹？	<u>Do</u> you know why it's called a whit<u>ing</u>?
那皇帝道，"说出你的证据来，要不然就无论你害怕不害怕，总归要把你杀掉。"	'Give your evidence,' the King repeated angrily, 'or I'll have you executed, <u>whether</u> you're nervous <u>or not</u>.'
可是你想她诧异不诧异——她听见那白兔尽力尖声地居然大叫道"阿丽思!"	<u>Imagine</u> her surprise, when the White Rabbit read out, at the top of his shrill little voice, the name 'Alice!'
我倒不知道会不会一直掉穿了地球嘞，那怎么呢？	I wonder <u>if</u> I shall fall right *through* the earth!
她说，"我不! 我要先看看瓶上有没有毒药的字样在上再说，"	'No, I'll look first,' she said, 'and see <u>whether</u> it's marked "poison" <u>or not</u>';
让我来想想看：我今儿早晨起来是不是还是一样的我？	Let me think：<u>was</u> I the same when I got up this morning?
她想着就把所有她知道是和她同岁的小孩子，一个一个都想一想，看自己是不是变成了他们当中的哪一个。	And she began thinking over all the children she knew that were of the same age as herself, to see <u>if</u> she could have been changed for any of them.
"我怕我不会说得再怎么明白嘞，"阿丽思谦虚着说道，"你想，我先不先自己也糊涂嘞；一天里头变了这么些回的尺寸可好不乱人。"	'I'm afraid I can't put it more clearly,' Alice replied very politely, 'for I can't understand it myself <u>to begin with</u>; and being so many different sizes in a day is very confusing.'
你想这样儿该不该？	<u>Do</u> you think, at your age, it is right?
你这身子可危不危？	Pray, what is the reason of that?
这样你胃口伤不伤？	Pray how did you manage to do it?
你的眼睛花不花？	That your eye was as steady as ever;
这样能耐差不差？	What made you so awfully clever?
那毛毛虫又问道，"你现在称心不称心呢？"	'<u>Are</u> you content now?' said the Caterpillar.
那跟班的答道，"你到底想不想进去，这是第一个问题呀! 你可知道。"	'*Are* you to get in at all?' said the Footman. 'That's the first question, you know.'
那孩子本来已经一直叫得那么厉害，所以再也看不出来他被打的疼不疼。	and the baby was howling so much already, that it was quite impossible to say <u>whether</u> the blows hurt it <u>or not</u>.
那三月兔道，"你是不是想要说你想你能找出对它的回答吗？"	'<u>Do</u> you mean that you think you can find out the answer to it?' said the March Hare.

原来这就是为什么桌上摆了这么许多件的茶具,<u>是不是</u>这个缘故?	Is that the reason so many tea-things are put out here<u>?</u>
阿丽思道,"我想你们大概是转着移动位子的,<u>是不是</u>?"	'Then you keep moving round, I suppose<u>?</u>' said Alice.
阿丽思不晓得自己<u>是不是</u>也应该象那三个花匠似的趴下来脸朝下躺着,她记得从来没听见过看出会的时候有这么一条规矩;	Alice was rather doubtful <u>whether</u> she ought not to lie down on her face like the three gardeners, but she could not remember ever having heard of such a rule at processions;
所以她一点也不喜欢看这种情形,因为大家闹得那么乱,阿丽思再也看不出来<u>是不是</u>轮到她打。	and she did not like the look of things at all, as the game was in such confusion that she never knew <u>whether</u> it was her turn <u>or not</u>.
又一个陪审员问道,"<u>是不是</u>那犯人的笔迹?"	'<u>Are</u> they in the prisoner's handwriting<u>?</u>' asked another of the jurymen.
春雨不一定顺着人民的盼望而降落,可是战争不管<u>有没有</u>人盼望总会来到。	The rain did not always come when they wanted it, but war arrived <u>whether</u> they wanted it <u>or not</u>.
拉车的一边走,一边儿喊:"<u>有</u>上清华的<u>没有</u>? 嗨,清华!"	One of the rickshaw pullers shouted, "Anyone for Tsinghua University<u>?</u> Tsinghua!"
把耳朵贴在地上,他听着有没有脚步声儿来,心跳得极快。	By putting his ear to the ground, he could tell <u>if</u> anyone was coming his way. His heart was racing.
骆驼们很慢很慢的<u>立</u>起来,他顾不得细调查它们<u>是不是</u>都在一块儿拴着,	Slowly, very slowly, they stood up. He had no time to worry <u>whether or not</u> they were tied together,
况且祥子说可以贱卖呢;懂行的人得到个便宜,就容易忘掉东西买到手中<u>有没有</u>好处。	Besides, Xiangzi had said he'd sell them cheaply, and whenever a connoisseur sees a bargain, he tends to forget <u>whether or not</u> he should be buying the thing in the first place.
我刚才用骨牌打了一卦,准知道你回来,<u>灵不灵</u>?	I tossed some divination tallies a while ago, and they said you'd be back. <u>What</u> do you think of that<u>?</u>
刘四<u>晓得不晓得</u>他女儿是个破货呢?	<u>Did</u> he know that his daughter was used goods<u>?</u>
你<u>来不来</u>?	<u>What</u> do you say<u>?</u>

所以曹先生必是孔圣人;假若祥子想不起孔圣人是什么模样,那就必应当像曹先生,不管孔圣人愿意不愿意。	So Mr. Cao had to be a sage, and whenever Xiangzi tried to imagine what the great man had been like, Mr. Cao was the model, whether Confucius liked it or not.
"没有;我走回去吧,你拉着车。"曹先生还镇定,在石块上摸了摸有没有落下来的东西。	"No. I can walk home," Mr. Cao said, having regained his composure. "Bring the rickshaw along." He groped among the stones to see if he'd dropped anything.
"别嚷行不行?"祥子躲开她一步。	"Stop shouting, won't you?" Xiangzi moved away from her.
老头子棒着呢,别看快七十岁了,真要娶个小媳妇,多了不敢说,我敢保还能弄出两三个小孩来,你爱信不信!"	The old fellow's in great shape for a man in his seventies, and if has a new wife, he could easily father two or three children, believe it or not.
你说我想的好不好?	What do you think?
谁准知道她肚子里的小孩是他的不是呢?	And what guarantee did he have that the child in her belly was his?
明儿个要是不这么冷呀,咱们早着点出车。对不对,小马儿?	If it warms up a little tomorrow, we'll go out early, won't we, boy?
"我去好不好?"左先生问了声。	"Why don't I go with him?" Mr. Zuo said.
你先叫辆汽车来好不好?	Would you mind calling for a taxi?
咱们进去说好不好!	Let's go inside and talk about it.
这话对不对?	Isn't that right?
咱们不招谁不惹谁的,临完上天桥吃黑枣,冤不冤?	We don't look for trouble and we don't cause it, so how fair would it be to wind up with black dates in our chest at the Tianqiao execution ground?
你想想,我能一撒巴掌把你放了不能?	Do you really think I can just let you go?
是这么着不是?	Is that right?
我告诉王先生一声儿去好不好?	I'll go tell Mr. Wang. What do you say?
"我说是不是?"虎姑娘拿着时候进来了,"还是祥子,别人都差点劲儿。"	"Didn't I tell you?" Huniu said, coming in at the right moment. "Xiangzi's the one. The rest of them just don't match up."
你们有胆子没有?	Any of you got the guts?

<u>是不是</u>,你自己说,祥子?	<u>Aren't</u> you, Xiangzi<u>?</u>
出去说,你<u>敢不敢</u>?	Step outside and say that. I dare you<u>!</u>
他钉了一句:"<u>有</u>敢出去的<u>没有</u>?"	"Any takers<u>?</u>" he challenged.
会哼一声<u>不会</u>?	<u>What's</u> wrong, forget how to talk<u>?</u>
"商量商量<u>好不好</u>?"他还是蹲在那里。	"Let's talk things over，all right<u>?</u>" He remained crouching by the stove.
一天不拉车,身上就痒痒,<u>是不是</u>?	Your hands itch if you can't pull a rickshaw for one day, <u>isn't</u> that right<u>?</u>
"<u>是不是</u>? 我就知道你要问这个嘛! 你不是娶媳妇呢,是娶那点钱,<u>对不对</u>?"	"<u>I knew it</u>. That's exactly what I expected to hear. You married me for my money."
咱们一搬回去,管保挺起胸脯,谁也不敢斜眼看咱们;咱们要是老在这儿忍着,就老是一对黑人儿,你说<u>是不是</u>?	When that happens, we can throw out our chests and not have to worry about anyone looking crooked at us. But if we stay here and try to stick it out alone, we'll always be on people's blacklist. <u>Am I right or aren't I?</u>
"就说你这个跑法,差不离的还真得教你给撅了,你<u>信不信</u>?"另一个小伙子说。"岁数了,不是说着玩的。"	"But you make it hard on yourself the way you run," another one said, "and that's no joke for a man your age."
你说<u>是不是</u>?	<u>Am I right or aren't I?</u>
虎妞的话还在他心中,仿佛他要试验试验<u>有没有</u>勇气回到厂中来,假若虎妞能跟老头子说好了的话;在回到厂子以前,先试试<u>敢</u>走这条街<u>不敢</u>。	With Huniu's vow still ringing in his ears, he wanted to see <u>if</u> he had the guts to go in if she was eventually able to talk the old man around. First he needed to know what it felt like to walk down this street again.
"你说话呀! 成心逗人家的火是怎么着? 你<u>有嘴没有</u>? <u>有嘴没有</u>?"她的话越说越快,越脆,像一挂小炮似的连连的响。	"Say something. Why must you always try to make me mad? <u>Do</u> you have a mouth <u>or don't</u> you<u>?</u> Well, <u>do</u> you<u>?</u>" The words were coming faster and sharper, like a string of firecrackers.
"咱们买两辆车赁出去,你在家里吃车份儿<u>行不行</u>? <u>行不行</u>?"	"We'll buy a couple of rickshaws, and you can stay home and live off the rent. <u>How's</u> that<u>?</u>"

拉车的人们,明知不活动便没有饭吃,也懒得去张罗买卖;有的把车放在有些阴凉的地方,支起车棚,坐在车上打盹;有的钻进小茶馆去喝茶;有的根本没拉出车来,而来到街上看看,看看<u>有没有</u>出车的可能。	Even knowing they wouldn't eat if they weren't out running, men who pulled rickshaws could not muster the energy to take on fares. Some parked their rickshaws in the shade, raised the rain hoods, and dozed, while others escaped the heat in teahouses or came out without their rickshaws to see <u>if</u> there was any reason to work that day.
祥子不知道自己<u>信</u>神<u>不信</u>,只觉得磕头总不会出错儿。	Now, Xiangzi could not say <u>if</u> he believed in spirits, but what harm could a kowtow do?
他非作个"车夫"不可,不管自己<u>愿意不愿意</u>;	and he was determined to be a "rickshaw man," <u>whether</u> he felt like it <u>or not</u>.
你<u>有</u>熟人<u>没有</u>,给荐一个?	Know anyone?
当初咱倒要强过呢,<u>有</u>一钉点好处<u>没有</u>?	I tried to make something of myself, and <u>what</u> did it get me?
随便的把车放下,他懒得再动,不管那<u>是</u>该放车的地方<u>不是</u>。	He'd park his rickshaw anywhere he pleased, <u>whether</u> it was legal <u>or not</u>,
一直把狗赶没了影,他还又等了会儿,看它<u>敢</u>回来<u>不敢</u>。	Even after the dog had run off, he waited, in case it dared come back.
事情<u>好不好</u>?	<u>How</u> about work?
一条呢是凑钱买上车,一条呢是暂且赁车拉着,<u>是不是</u>?	One is to save up to buy your own rickshaw, the other to rent one from someone else. <u>Don't</u> you agree?
我看你就还上我这儿来好啦;我的车卖给了左先生,你要来的话,得赁一辆来;<u>好不好</u>?	Your best bet would be to come work for me again, but since I sold my rickshaw to Mr. Zuo, you'd have to rent one. <u>What</u> do you say?
你可别多心,她到底<u>可靠不可靠</u>呢?	Don't get me wrong, but I need to ask: Is she trustworthy?
不知道她<u>会</u>洗洗作作的<u>不会</u>,假若她能作些事呢,就让她帮助高妈;太太不久就要生小孩,高妈一个人也太忙点。	Do you know <u>if</u> she can wash and mend clothes? If she can, then she can help Gao Ma. The mistress is going to have a baby soon, which will be too much for Gao Ma to handle by herself.

我当年轻的时候，真叫作热心肠儿，拿别人的事当自己的作。有用没有？没有！	When I was young, I was known as a warmhearted, helpful person who always looked out for others. Did that do me any good? None.
我还救过人命呢，跳河的，上吊的，我都救过，有报应没有？没有！	I even saved someone from drowning once and one from hanging. My reward? Nothing.
你说是不是？	Am I right?
管什么冬天不冬天呢！	To hell with winter!
"先生没在家，你进来见见太太好不好？"	"The master isn't home. Why don't you come in and talk to the mistress?"
他似乎听不见那施号发令的锣声。他更永远不看前后的距离停匀不停匀，左右的队列整齐不整齐，	He seemed not to hear the signaling gongs and never paid any attention to the distance between him and those in front or back or whether he was aligned in his row.
没管打锣的说了什么，他留神的在地上找，看有没有值得拾起来的烟头儿。	Ignoring the man's curses, he kept his eyes glued to the ground to see if there were any butts worth picking up.
在心神最恍惚的时候，他忽然怀疑骆驼是否还在他的背后，教他吓一跳；	and as his mind wandered, he was not even sure they were still behind him, and that gave him a scare.
现在刚逃出命来，又回到熟人这里来，还让他吃饭，他几乎要怀疑他们是否要欺弄他，可是也几乎落下泪来。	After barely escaping with his life, he was back among friends, people who invited him to join them at the table, and he'd have been forgiven for thinking that this was all a cruel trick. But, no, he was nearly in tears.
远近都这么安静，他怀疑这是否那个出名的白房子了。	There were no people outside the White Manor, no sound, no movement anywhere, and he wondered if it really was the infamous brothel.
什么也不知道了，似睡非睡的，耳中刷刷的一片雨声。	His mind was blank as he slept fitfully, the rain sounding in his ears.
一些似云非云，似雾非雾的灰气低低的浮在空中，使人觉得憋气。	A suffocating gray vapor, neither cloud nor mist, hung low in the sky. Not a breath of wind anywhere.

打着面小旗,他低着头,嘴里叼着烟卷,似笑非笑的随着大家走,一声也不出。	Holding a small flag, he kept his head down and silently followed the crowd, a cigarette dangling from his lips, a half smile on his face.
有姓无姓,他自己也并不在乎。	He himself didn't care whether he had a family name or not.
有意无意的他把钱全掏了出来;这两天了,他始终没顾到算一算账。	Absent-mindedly, he removed all the money from his pockets. Over the past few days, he hadn't gotten around to figuring out how much he had.
你来,黛那,告诉我老实话:你到底曾经吃过蝙蝠子没有?	Now, Dinah, tell me the truth: did you ever eat a bat?
不晓得我昨儿晚上半夜里变了没有?	I wonder if I've been changed in the night?
那帽匠又对阿丽思说道,"你那个谜儿猜出来没有?"	'Have you guessed the riddle yet?' the Hatter said, turning to Alice again.
那皇后也就停了下球,气喘喘地对阿丽思道,"你看见素甲鱼没有?"	Then the Queen left off, quite out of breath, and said to Alice, 'Have you seen the Mock Turtle yet?'
"摔着没有?"祥子问。	"Are you hurt?" Xiangzi asked.
买上车没有?	Did you buy your rickshaw?
就是得规规矩矩,明白了没有?	But you have to be on your best behavior, understand?
早回来可不行! 听明白了没有?	But don't come any earlier, got that?
他不大关心战争怎样的毁坏田地,也不大注意春雨的有无。	How badly war destroyed farmland was not his problem, and he had no time to worry if the rains came or not.
不管是吉是凶,逃!	Whatever happened, good or bad, it was time to flee.
有姓无姓,他自己也并不在乎。	He himself didn't care whether he had a family name or not.

虽然说租整天的车是没有时间的限制,爱什么时候出车收车都可以,若是人人都像祥子这样死啃,一辆车至少也得早坏半年,多么结实的东西也架不住钉着坑儿使!	Rental agreements were good for the entire day, with no restrictions on when rickshaws were taken out or brought back in. But if every puller worked as hard as Xiangzi, the rickshaws would be worn out six months before their time. Even the sturdiest vehicle could not stand such punishing treatment.
车夫们出车收车和随时来往都走这个门。	This was the gate the pullers used, with or without their rickshaws.
好也不行,歹也不行,这条路上只有死亡,而且说不定哪时就来到,自己一点也不晓得。	Good or bad, it made no difference, death claimed you in the end, whether you saw it coming or not.
歇了有一个月,他不管病完全好了没有,就拉上车。	After being laid up for a month, Xiangzi took his rickshaw out, mindless of whether he was completely recovered or not.
他没管到了该立起来的时候没有,拄着地就慢慢立起来,腿已有些发木。	Without knowing if this was the time he should stand up or not, he braced his hands on the floor and got slowly to his feet on legs that were slightly numb.
不管东西好坏,不管人好坏,没了它们,心便没有地方安放。	Good or bad, without those things and that person, his heart had no resting place.
赶上大家赌钱,他不像从前那样躲在一边,也过来看看,并且有时候押上一注,输赢都不在乎的,似乎只为向大家表示他很合群,很明白大家奔忙了几天之后应当快乐一下。	No longer did he shy away from watching the other men gamble, and some of the time he joined in, not caring whether he won or lost; he just wanted to show that he was one of them and acknowledge that after days of pulling a rickshaw, there was nothing wrong with a little amusement.
"不知道! 赶明儿你找人的时候,先问一声再拉门! 什么小福子大福子的!"	"Don't know her. Come back tomorrow, and next time, don't just barge in on people. Little Fuzi or Big Fuzi, never heard of her."
在不准知道事情的吉凶的时候,人总先往好里想。	When confronted by something that could turn out either good or bad, people will always hope for the best.
他的车也不讲究了,什么新车旧车的,只要车份儿小就好。	and he no longer cared if the rickshaw he pulled was new or old, only that the rent was cheap.

附录4 汉语文本中数字并置表示约量的语例

说到这里,她已经走进了一间整整齐齐的小屋子,近窗户有一个小桌子,她正希望着,果然在桌子看见一把扇子和两三双小白羔皮的手套:	By this time she had found her way into a tidy little room with a table in the window, and on it (as she had hoped) a fan and two or three pairs of tiny white kid gloves:
等了一两分钟,他们又跑来跑去,阿丽思只听见那兔子道,"先用一桶再看。"	After a minute or two, they began moving about again, and Alice heard the Rabbit say, 'A barrowful will do, to begin with.'
隔了一两分钟,那毛毛虫把烟嘴拿出来,打了一两回呵欠,把身子抖了两下。	In a minute or two the Caterpillar took the hookah out of its mouth and yawned once or twice, and shook itself.
她在那里站了一两分钟,不晓得再干什么好。	For a minute or two she stood looking at the house, and wondering what to do next,
所以头一两分钟,阿丽思尽着力量只能不让他掉在地上就好了。	for the first minute or two, it was as much as she could do to hold it.
阿丽思想道,"我要不把这孩子带走,她们那样一两天一定会弄死他:我要让他在那儿岂不是同有意杀人一样吗?"	'If I don't take this child away with me,' thought Alice, 'they're sure to kill it in a day or two: wouldn't it be murder to leave it behind?'
所以过了一两分钟,阿丽思就顺那个猫说的有个三月兔子住的方向走去。	after a minute or two she walked on in the direction in which the March Hare was said to live.
那惰儿鼠想了一两分钟答道,"她们吃糖浆。"	'They lived on treacle,' said the Dormouse, after thinking a minute or two.
那惰儿鼠又想了一两分钟,	The Dormouse again took a minute or two to think about it,
她倒还回头望一两回,一半还希望他们叫她回来:	though she looked back once or twice, half hoping that they would call after her:
那三个兵四面找他们,找了一两分钟找不着,	The three soldiers wandered about for a minute or two, looking for them,
闹了一两分钟大家才定下来,起首玩球。	however, they got settled down in a minute or two, and the game began.

看了一两分钟才看出来是一个笑脸，	after watching it a minute or two, she made it out to be a grin,
他瞧瞧阿丽思，想要说话似的，可是过了一两分钟，他哭得一个字也说不出来。	He looked at Alice, and tried to speak, but for a minute or two sobs choked his voice.
把前前后后所闻所见的都搁在一处，他的心中已明白了八九成。	By putting together all he'd seen and heard, Fourth Master knew pretty much what was going on.
祥子清早就出去，她总得到八九点钟才起来；	Xiangzi went out early, leaving her to get out of bed by eight or nine o'clock,
他不希望得三个大宝，只盼望换个百儿八十的，恰好够买一辆车的。	Three dabao was probably out of the question, but he had hopes of getting eighty or a hundred yuan, enough to buy a rickshaw.
你给我们二十一。	You gave us three or more;
要不然两块钱清华——平常只是二三毛钱的事儿——为什么会没人抢呢？	but two yuan to Tsinghua University—a trip that usually cost no more than twenty or thirty cents—why wasn't anyone interested?
曹家喜欢用干净瞭亮的人，而又不大注意那些小过节儿，所以她跟了他们已经二三年，	But the Caos liked their servants to be clean, straight-talking people, and were not bothered by minor eccentricities, which is why she'd been with them for two or three years;
自从她守了寡，她就把月间所能剩下的一点钱放出去，一块也是一笔，两块也是一笔，放给作仆人的，当二三等巡警的，和作小买卖的，利钱至少是三分。	Since becoming a widow, she'd lent out whatever was left over at the end of the month to fellow servants, local policemen, and peddlers, one or two yuan at a time, at thirty percent or higher interest.
再过二三年，我也得跟您一样！	and in two or three more I'll be like you.
那二三百年的老铺户也忽然想起作周年纪念，借此好散出大减价的传单……	shops that had been around for hundreds of years celebrated anniversaries by passing out handbills announcing grand sales.
祥子已经跑出二三十步去，可又不肯跑了，他舍不得那几匹骆驼。	Xiangzi had run twenty or thirty steps when he stopped. He couldn't leave those camels.
"你看，你看，二三十块钱真不好说出口来，可是还真不容易往外拿呢；这个年头，没法子！"	"Look, I'm embarrassed to say it, but I could manage twenty or thirty yuan, and even that's not easy for me. I tell you, these times, I've got no choice."

祥子心中也凉了些,<u>二三十块</u>?	Xiangzi's heart fell. Twenty <u>or</u> thirty yuan?
可是现在——经过这<u>二三十年</u>来的变迁——已越混越低,有的已很难吃上饱饭。	but now, after twenty <u>or</u> thirty years, their fortunes were dwindling, and some were even having trouble making ends meet.
她很年轻,至多也就是<u>二十二三岁</u>,可是她的气派很老到,绝不像个新出嫁的女子,	She was. young, no more than twenty-two <u>or-</u>three, but she had the airs of an older woman, not those of a recent bride.
他去送一送,每一趟也得弄个<u>两毛三毛</u>的。	each trip would end with twenty <u>or</u> thirty cents for him,
<u>两三个</u>星期的工夫,他把腿溜出来了。他晓得自己的跑法很好看。	It took only two <u>or</u> three weeks for Xiangzi to get his legs into shape, and he knew he looked good when he ran.
第一步他应当,他想好了,去拉包车。遇上交际多,饭局多的主儿,平均一月有上十来个饭局,他就可以白落<u>两三块</u>的车饭钱。加上他每月再省出个块儿八角的,也许是<u>三头五块</u>的,一年就能剩起<u>五六十块</u>!这样,他的希望就近便多多了。	With that in mind, he decided to hire out to a private party and went looking for an employer with an active social life, someone who often attended dinner parties, at least ten a month, which would translate to two <u>or</u> three yuan in tips. That, <u>on top of the one yuan</u> he could save from his monthly pay, would add up to four <u>or</u> five yuan a month, <u>or</u> fifty <u>to</u> sixty a year, bringing him even closer to his goal.
"老头子给姑妈作寿去了,得有<u>两三天</u>的耽误呢;姑妈在南苑住。"	"The old man is off celebrating my aunt's birthday and won't be back for <u>three or four</u> days. She lives in Nanyuan."
他拉着空车在街上绕,<u>两三次</u>已离车厂不远,又转回头来往别处走,很像初次逃学的孩子不敢进家门那样。	He wandered the streets pulling an empty rickshaw, nearing the yard but not entering it, like a truant child afraid to go home.
就是老头子真犯牛脖子,我手里也有俩体己,咱俩也能弄上<u>两三辆车</u>,一天进个块儿八毛的,	Even if he turns bullheaded, I've got enough put aside for you and me to own two <u>or</u> three rickshaws, which would bring in <u>at least one yuan</u> a day.
把这<u>两三个</u>月剩下的几块钱——都是现洋——轻轻的拿出来,一块一块的翻弄,怕出响声;	He took out the money he'd put aside over the past two <u>or</u> three months—all silver dollars—and gingerly turned them over in his hand, one at a time, careful not to make any noise.

老头子棒着呢,别看快七十岁了,真要娶个小媳妇,多了不敢说,我敢保还能弄出两三个小孩来,你爱信不信!"	The old fellow's in great shape for a man in his seventies, and if has a new wife, he could easily father two <u>or</u> three children, believe it <u>or</u> not."
到屋中,他先数了数那几张票子;数了两三遍,手心的汗把票子攥得发粘,总数不利落。	The first thing he did back in his room was count the money, <u>once, twice, three times</u>, until his sweaty palms made the bills sticky and hard to count.
这是个见人就交朋友,而处处占便宜,喝别人的茶,吸别人的烟,借了钱不还,见汽车不躲,是个地方就撒尿,成天际和巡警们耍骨头,拉到"区"里去住两三天不算什么。	From now on, he'd start making friends, taking advantage of people whenever he could, drink tea other people paid for, smoke their cigarettes, borrow money with no intention of paying it back, stop making way for cars, piss wherever he wanted, wrangle with the police and not worry if he had to spend <u>a couple of nights</u> in jail.
天已慢慢长起来,他又转晃了两三趟,才刚到五点来钟。	The days were getting longer. He made <u>a few more rounds</u> and it was still only five o'clock.
虎姐着了慌。到娘娘庙,她求了个神方:一点香灰之外,还有两三味草药。	In the grip of panic, Huniu went to the Temple of the Matriarch to pray for a magic cure, which consisted of a bit of incense ash and <u>a handful of</u> medicinal herbs.
祥子不便辩驳,也不会辩驳;及至把东西作好,她一吃便是两三大碗。	Xiangzi did not argue with her—he didn't know how—so she prepared whatever it was and ate two <u>or</u> three large bowlfuls.
他把头低下去,手扶在地上,迷迷胡胡的有些发困,他已两三天没得好好的睡了。	his head drooped and he rested his hands on the floor as a hazy sense of weariness overcame him, after <u>three days</u> with hardly any sleep.
祥子扫院子的时候,几乎两三笤帚就由这头扫到那头,	To sweep the yard, it took him no <u>more than a few</u> swipes with the broom to go from one end to the other.
精神了两三天,夏先生又不大出气了,	That would last two <u>or</u> three days, until Mr. Xia reverted to his sickly old self,
刮风下雨,他都不出车;身上有点酸痛,也一歇就是两三天。	He stopped taking his rickshaw out on stormy days and took off two <u>or</u> three days at the first sign of soreness.

有一天，掌灯的时候，我还记得真真的，因为我同着两三个娘们正在门口坐着呢。	One night, soon after the lamps were lit, I recall it like it was yesterday, I was sitting outside with two or three of the other girls.
正是在这个时节，人们才盼着有些足以解闷的新闻，足以念两三遍而不厌烦的新闻，足以读完报而可以亲身去看到的新闻，天是这么长而晴爽啊！	This was the time when residents looked for something news-worthy to relieve their boredom, something they could read two or three times with relish, and exciting enough to want to see whatever it was for themselves, a pleasant diversion during the long, refreshingly sunny days.
她们的身上只挂着些破布，肚子盛着一碗或半碗粥，或者还有个六七个月的胎。她们得工作，得先尽着老的少的吃饱。	Clad in rags and with a bowl or less of gruel in their stomachs, the heavily pregnant women did their work only after everyone else was fed,
一天好歹也能拉个六七毛钱，可以够嚼谷。	He could surely earn sixty or seventy cents a day pulling his own rickshaw, enough for them to get by.
到现在，他有六十多辆车，至坏的也是七八成新的，他不存破车。车租，他的比别家的大，	Eventually, he owned more than sixty rickshaws, all in good to excellent shape—no run-down rickshaws for him—for which he charged a higher rent than his competitors.
我看他一喜欢，就弄点酒什么的，让他喝个痛快。看他喝到七八成了，就热儿打铁，你干脆认他作干爹。	When he's happy, he likes to drink, so I'll have some liquor ready, and once he's good and drunk, you strike while the iron's hot, asking him to be your foster father.
大杂院里有七八户人家，多数的都住着一间房；一间房里有的住着老少七八口。	The compound was home to seven or eight families, most of whom packed a dozen or more people into a single room.
他的确跑得不慢，连祥子也得掏七八成劲儿才跟得上他。	He was running at such a fast clip that even Xiangzi had to work hard to keep up.
陈二奶奶非五块钱不来，虎妞拿出最后的七八块钱来：	Granny Chen demanded five yuan to come, so Huniu took out her last seven or eight yuan and handed them to him.
咱们拉车人的姑娘媳妇要是忽然不见了，总有七八成也是上那儿去了。	And if the wife or daughter of one of the rickshaw men disappears all of a sudden, chances are that's where you'll find them.

锣鼓的声音延长到<u>七八</u>小时,天气的爽燥使锣鼓特别的轻脆,击乱了人心。	Drums thudded and cymbals clanged until <u>seven or eight o'clock</u> at night, the disturbing sound crisp and clear in the heated night air.
白花花的现洋放进去,凭人家<u>三画五画</u>就算完事,祥子不上这个当。	Handing over shiny silver dollars and getting nothing in return but <u>some scrawls</u> in a book had to be a swindle, and Xiangzi was not about to fall for it.
不定是<u>三两个月</u>,还是<u>十天八天</u>,吹了;他得另去找事。	Sometimes he lasted <u>two or three months</u>, sometimes only <u>eight or ten days</u>, after which he was out looking for steady work again.
拉车可以平地弄个<u>三毛四毛</u>的,作小买卖既要本钱,而且没有准能赚出三餐的希望。	A rickshaw man could at least earn <u>thirty or forty cents</u> a day, while vending required capital, with no guarantee he'd make enough for three meals a day.
他心里说:别看这个大娘们厉害,也许并不胡涂,知道乘这种时候给仆人们多弄<u>三毛五毛</u>的。	Maybe, he thought, even though she's a shrew, she might understand that this is a chance to give the servants <u>a little extra</u>.
她是<u>三十二三岁</u>的寡妇,干净、爽快,作事麻利又仔细。	A widow <u>in her early thirties</u>, she was neat and clean, direct and honest, hardworking and conscientious.
快七十了,腰板不弯,拿起腿还走个<u>十里二十里</u>的。	Despite his age, he had a straight back and thought nothing of walking <u>two or three miles</u>.
他自居老虎,可惜没有儿子,只有个<u>三十七八岁</u>的虎女——知道刘四爷的就必也知道虎妞。	He liked to think of himself as a tiger, but he had produced no male cub. He had an unwed daughter of <u>thirty-seven or eight</u>, and anyone who knew Fourth Master Liu knew his daughter, Huniu—Tiger Girl.
虽然她那么说,她可是并不很热心找刘四爷去。父女们在平日自然也常拌嘴,但是现在的情形不同了,不能那么<u>三说两说</u>就一天云雾散,	Despite what she'd said, she was in no hurry to go see Fourth Master Liu. They had always had their share of arguments, but things were different now, and the storm clouds would not disperse with <u>a simple apology</u>.

他们的车破,又不敢"拉晚儿",所以只能早早的出车,希望能从清晨转到午后三四点钟,拉出"车份儿"和自己的嚼谷。	They rent beat-up rickshaws and don't dare work at night, which means they must set out early in the morning and work till <u>three or four</u> in the afternoon in hopes of earning enough to pay for that day's rent and food.
一年,二年,至少有三四年;一滴汗,两滴汗,不知道多少万滴汗,才挣出那辆车。	Only after a year, then two years, and then as many as <u>three or four years</u>—shedding one drop, two drops, unknown thousands of drops of sweat—did he manage to buy a rickshaw.
然后去赁辆新车,说不定很快的就能拉上包车,然后省吃俭用的一年二年,即使是三四年,他必能自己打上一辆车,顶漂亮的车!	Then he'd rent a new rickshaw, and if all went well, he'd soon be on the payroll of a private party. Finally, after <u>a couple of years, three or four</u> at most, he'd buy a rickshaw, one that outshone everyone else's.
他又想往起立,过去三四个人忙着往起搀他。	Again he tried to stand, and this time <u>three or four of the men</u> helped him to his feet.
祥子为这个刚跑回来,刘四爷又教他去给借麻将牌,借三四副,到日子非痛痛快快的赌一下不可。	So Xiangzi went, and he'd no sooner returned than Fourth Master sent him to borrow <u>several mahjong sets</u>, so his guests could gamble to their hearts' content.
下午三四点钟还来了些拜寿的,老头子已觉得索然无味,	More people came to offer their congratulations <u>at three or four</u> in the afternoon, but by then he had lost his taste for such niceties.
这真让祥子的心跳得快了些!真要凑上三四十块,再加上刘四爷手里那三十多,和自己现在有的那几块,岂不就是八十来的?	Xiangzi's heart was racing. If he really could come up with <u>thirty or forty yuan</u> and add it to the thirty that Fourth Master Liu was holding, plus what he'd earned recently, wouldn't he have a total of eighty?
自己才二十多岁,已经这么闹笑话,赶到三四十岁的时候,应当怎样呢?	If he became a laughingstock in his twenties, what would he be like <u>in his thirties and forties</u>?
把事情看长远了也有好处:三天两头的散工,一年倒歇上六个月,也不上算;	But taking the long view makes sense. If you leave one job <u>every two or three days</u>, you're out of work half the year, and that's no good.

他立起来,管它呢,人家那三天两头打架闹饥荒的不也活得怪有趣吗? 老实规矩就一定有好处吗?	He stood up. To hell with them, he thought. Men who get into fights almost daily and are always one step away from starvation enjoy life, so what is so great about proper behavior anyway?
太太可手松,三天两头的出去买东西;	His wife was the opposite—she went out shopping every two or three days,
加上他每月再省出个块儿八角的,也许是三头五块的,一年就能剩起五六十块! 这样,他的希望就近便多多了。	That, on top of the one yuan he could save from his monthly pay, would add up to four or five yuan a month, or fifty to sixty a year, bringing him even closer to his goal.
这是跑长趟的,不愿拉零座;因为拉一趟便是一趟,不屑于三五个铜子的穷凑了。	Interested only in long hauls, these men disdain the short, penny-ante business.
杨宅用人,向来是三五天一换的,	Servants seldom stayed on in the Yang home more than four or five days.
可是大家三五成群的出来,	But the men avoided him as they came out in twos and threes.
大人们吃饱之后,脾气和平了许多,爱说话的才三五成团,说起一天的辛苦。	When they had a meal under their belts, the men's mood would improve enough for some of them to gather in threes and fours to complain about the day's hardships.
二来他亲眼得见那些花冤钱的傻子们——有的才十八九岁——	Second, he had seen foolish young men—some no more than eighteen—
小马儿也就是十二三岁,	Xiao Ma, a boy of thirteen or fourteen,
要是雇个仆人,连吃带挣的月间不也得花个十块八块的吗?	since hiring a domestic to wash and mend his clothes, cook his meals, and perform a myriad of little chores would easily cost ten yuan a month, food included.
一个乡下人拿十里八里还能当作道儿吗,况且自己是拉车的。	How could someone from the countryside consider a couple of miles too far to walk, especially a man who has pulled a rickshaw?
拉着铺盖卷,他越走越慢,好像自己已经不是拿起腿就能跑个十里八里的祥子了。	His steps slowed as he walked along, bedding under his arm, as if he were no longer the Xiangzi who could easily run a mile or more without stopping.

197

刘四爷是虎相。快七十了,腰板不弯,拿起腿还走个十里二十里的。	Fourth Master Liu was like a tiger. Despite his age, he had a straight back and thought nothing of walking two or three miles.
那些姑娘们,十六七岁了,没有裤子,只能围着块什么破东西在屋中——天然的监狱——帮着母亲作事,赶活。	Girls of sixteen or seventeen, having no trousers to wear, simply wrapped a tattered cloth around themselves and did not venture outside—for them the rooms were virtual prisons where they helped their mothers with their chores.
那四十以上的人,有的是已拉了十年八年的车,筋肉的衰损使他们甘居人后,他们渐渐知道早晚是一个跟头会死在马路上。	Those over forty will have been at it for at least a decade, which takes its toll; settling for mediocrity, they gradually become resigned to the knowledge that one day they will collapse and die in the street.
敲祥子,并不在侦探们的计划内,不过既然看见了祥子,带手儿的活,何必不先拾个十头八块的呢?	Fleecing Xiangzi had not figured in their plans, but since he'd fallen into their hands so easily, that little bit of money was there for the taking.
在这里,二十岁以下的——有的从十一二岁就干这行儿——很少能到二十岁以后改变成漂亮的车夫的,因为在幼年受了伤,很难健壮起来。	Some of the under-twenty men start out at the age of eleven or twelve, and few become top runners after the age of twenty, as they'll have suffered too many injuries to maintain decent health.
在小节目上也许与真事有很大的出入,可是对于战争本身的有无,十之八九是正确的。	In the case of minor details, rumors fall wide of the mark; but with war, eighty or ninety percent of the rumors are based on fact.
"混它妈的一辈子,连个媳妇都摸不着!人家它妈的宅门里,一人搂着四五个娘们!"	"A fucking lifelong bachelor, no wife to share a bed, while those rich bastards have four or five women to wrap their arms around!"
祥子一清早就出去,转转到四五点钟,已经觉得卖够了力气。太阳可是还老高呢。	He would go out early in the morning, and by four or five o'clock in the afternoon he was finished for the day, though the sun was still high in the sky.
现在,每天只进一毛多钱的车租,得干赔上四五毛,还不算吃药。	Now, with only ten cents coming in each day from the rental, they had to make up the lost amount from their savings, not counting the cost of medicine.

据说,他的原配夫人与十二个儿女住在保定,有时候连着<u>四五</u>个月得不到他的一个小钱。	Word had it that his first wife and twelve children, who lived in Baoding, could go <u>four or five months</u> without seeing a cent of his money.
懒得去点灯,直到沿路的巡警催了他<u>四五</u>次,才把它们点上。	He didn't even feel like lighting the lanterns until <u>four or five policemen</u> along the way finally got him to comply.
只有这个张妈,已经跟了他们<u>五六</u>年,	Nanny Zhang, on the other hand, had been with them <u>five or six years</u>;
他心里计算:自己拉,每天好歹一背拉总有<u>五六</u>毛钱的进项。	He did some silent calculations: on a normal day he could bring in <u>fifty or sixty cents</u> by pulling the rickshaw himself,
加上他每月再省出个块儿八角的,也许是三头五块的,一年就能剩起<u>五六十</u>块! 这样,他的希望就近便多多了。	That, on top of the one yuan he could save from his monthly pay, would add up to four <u>or five yuan a month</u>, or <u>fifty to sixty</u> a year, bringing him even closer to his goal.
买辆七成新的,还不得个<u>五六十</u>块吗?	Rickshaws that were only two-thirds new went for <u>fifty or sixty</u>!
好,他早预备好了;说翻了,过去就是一把,抓住他们<u>五六十</u>块钱一身的洋服的袖子,至少给他们印个大黑手印!	All right, he was ready. The moment they popped off, he reached out, grabbed the sleeves of their <u>fifty- or sixty-yuan</u> suit coats, and decorated them with a big black handprint.
小福子的"人"是个军官。他到处都安一份很简单的家,花个<u>一百二百</u>的弄个年轻的姑娘,再买份儿大号的铺板与两张椅子,便能快乐的过些日子。	The man in her life was an army officer who set up a simple home wherever he was sent and spent <u>a hundred or two</u> to buy a large plank bed, a couple of chairs, and a young girl, all he needed to live enjoyably for a while.
花这么<u>一百二百</u>的,过一年半载,并不吃亏,	Spending <u>a hundred or two</u> for the better part of the year was worth it,
像买了一堆破烂那样,碎铜烂铁之中也有<u>一二</u>发光的有色的小物件,使人不忍得拒绝。	It was like buying a pile of junk and finding amid the rusting metals <u>a few</u> irresistible baubles.
弄好了,也许一下子弄个<u>一块两块</u>的;	If luck is with them, they can land a fare right off, earning as much as <u>a silver dollar or two</u>.

假若走不通的话,他能一两天不出一声,咬着牙,好似咬着自己的心!	If that led nowhere, he'd lapse into silence for a day or two, clenching his teeth as if biting down on his heart.
吃完,有好买卖呢就再拉一两个;没有呢,就收车;这是生日!	After he'd eaten, he'd look around for a good fare or two, but if nothing suited his fancy, he'd knock off for the day—his birthday!
即使鸡有时候在夜间一两点钟就打鸣,反正离天亮也不甚远了。	Well, even when they do that at two in the morning, daybreak cannot be far off.
屋内灭了灯。天上很黑。不时有一两个星刺入了银河,或划进黑暗中,	The light went out in the room. The night was black as pitch. A star or two twinkled in the Milky Way or burned through the darkness,
有时一两个星,有时好几个星,同时飞落,使静寂的秋空微颤,使万星一时迷乱起来。	Sometimes stars flew through the sky alone or in pairs, sometimes in greater numbers at the same time, causing the silent autumn sky to shudder and bring chaos to all the other stars.
刘四爷要是买出一两个人——不用往多里说——在哪个僻静的地方也能要祥子的命!	He'd hire a couple of toughs—no more than that—and they'd take him to a remote spot and kill him.
街上简直已没了行人,路旁还只有一两辆洋车,	The streets were deserted except for a couple of rickshaws,
在平日,总会有一两个不很懂事的少年,找几句俏皮话来拿这样的茶客取取笑,今天没有一个出声的。	Most of the time, the younger, more thoughtless pullers would make fun of a customer like this, but not today.
他能这样白"泡"一两天。	This could go on for days.
等到他开了差呢,他一点也不可惜那份铺板与一两把椅子,	Then, when it was time to leave, he unemotionally abandoned the bed and chairs,
没了钱,再赶上他喝了酒,犯了脾气,他一两天不管孩子们吃了什么。	Broke again, drink was his only refuge, and that led to fits of temper, times when he could go a day or two without a single thought for his sons.
才来一两个泥水匠,用些素泥碎砖稀松的堵砌上——预备着再塌。	Then a couple of brick masons would come by to patch them up with mud and broken bricks, which would last until the next time they crumbled.

冰凉的雨点,打在那开张着的汗毛眼上,至少教他们躺在炕上,发一两天烧。	Icy raindrops pelting open pores laid the people low with fever for at least <u>a day or two</u>.
可是偶尔说一两句话,他会说得极不得人心,	He did speak, once in a blue moon, but what he said was invariably offensive.
我快六十岁了,见过的事多了去啦:拉车的壮实小伙子要是有个一两天不到街口上来,你去找吧,不是拉上包月,准在白房子趴着呢;	I'm nearly sixty, and I've seen a lot in my time. If a healthy young rickshaw man doesn't show up on the street for <u>a couple of days</u>, you'll find that he's either landed a monthly job or he's made his way to the White Manor.
多吸人家一支烟卷,买东西使出个假铜子去,喝豆汁多吃几块咸菜,拉车少卖点力气而多争一两个铜子,都使他觉到满意。	he smoked other men's cigarettes, passed off counterfeit coins for purchases, gobbled up extra pieces of salted greens when he bought a bowl of fermented bean curd, and charged passengers <u>more</u> for using less energy, all of which pleased him enormously.
各种的草花都鲜艳的摆在路旁,一两个铜板就可以把"美"带到家中去。	The streets were lined with captivating plants and flowers, and for only <u>a few cents</u> you could take a bit of beauty home with you.
况且,虽然曹家不打牌,不常请客,没什么零钱,可是作点什么临时的工作也都能得个一毛两毛的。	Even though the Caos did not play mahjong and seldom invited guests over, which reduced the chance for a nice tip here and there, he performed odd jobs for them, which earned him <u>a little extra</u>.
然后省吃俭用的一年二年,即使是三四年,他必能自己打上一辆车,顶漂亮的车!	Finally, after <u>a couple of years</u>, three or four at most, he'd buy a rickshaw, one that outshone everyone else's.
她自己动不了窝,便派小福子一趟八趟的去买东西。	Since her movements were restricted, Fuzi <u>was sent out</u> to buy things for her.

后　记

　　本书在我的博士论文的基础上修改而成。回首三年读博时光，一份份感激之情就像一股股暖流瞬间涌上心头。

　　我首先要衷心感谢导师许余龙教授的悉心指导。许教授是我国对比语言学界的知名学者，博学多识，睿智儒雅，又沉静低调，不失谦谦君子之风。他在课堂、讲座和文字点评中体现出来的敏锐的问题意识与洞察力，每每让我茅塞顿开，受益匪浅。在博士论文的选题、构思、撰写和修改过程中，许老师精心指导，在我遇到困难时总是能给我切实到位的点拨。许老师治学严谨，做事认真，但对自己的学生又给予充分的信任。他对我的宽容与信任，我要用一生去珍惜。师母孙策老师乐观豁达，善解人意，每次登门求教时，她的热情与关爱总让我少了一丝拘谨，多了一分轻松，倍觉温馨。

　　我非常感谢德高望重的王德春教授的提携和教诲。入学之初，王老师即已抱恙在身，2011年暑假期间他不幸病逝，接着我转入许门。王老师对问题的敏锐洞察和准确勾勒的能力，他的批判继承和攀高创新的探索精神，他的融会贯通和把握全局的学术风格，值得我用心学习。我也十分感谢上海外国语大学语言研究院金立鑫教授的指点和鼓励。他开设的课程开阔了我的学术视野，更锻炼了我的理性思维。金老师所主持的每周读书会上，师生自由切磋，共同探讨，此番情景至今让人难以忘怀。

　　我还要特别感谢我的硕士生导师吴本虎教授的信任和爱护。吴老师是我的授业恩师，也是我的人生导师。他为人正直耿介却又待人谦和，治学勤勉不懈而又务实求新，他永远是我学习的榜样。吴老师几十年如一日地对求助者无私帮助，对教学工作兢兢业业，对年轻后学用心扶持，洗涤了我的尘世俗心，感染着我也激励着我如是前行。在参与吴老师主持的国家社会科学基金项目的过程中，我已萌生了撰写本书的想法，在各方面都得到了吴老师的建议和帮助。在本书出版之前我向他索序，他慨然应允，序言中不吝鼓励抬爱之辞。对此，我感激不尽，愿加倍努力，不断超越自我，不辜负师友的关爱和期望。

论文开题之后，正值澳大利亚麦考瑞大学斯蒂芬·克莱恩（Stephen Crain）教授来上海外国语大学讲学，他对我的有关析取关系的提问曾给予耐心细致且富于启发的解答，后来我还有幸跟随他访学一年，在此深表谢意。论文答辩过程中，答辩委员会主席束定芳教授以及答辩委员会委员张德禄教授、何刚教授、金立鑫教授和吴芙芸博士都对论文提出了中肯的修改建议，特在此一并鸣谢！

读博三年，如驹过隙。我要感谢同窗好友的热心帮助和适时鼓励。在上海外国语大学求学的日子里，你们的活力与友情无时无刻不激励着我在求学之路上奋力前行！

此外，我还要感谢我的工作单位浙江师范大学外国语学院诸多师友对我在职攻读博士学位的大力支持，也非常感谢所在单位把本书列入浙江师范大学"外国语言文学"省一流学科出版资助项目。本书责任编辑董唯女士在本书的编辑出版过程中不厌其烦，一丝不苟，付出了很多辛劳，在此表示衷心感谢。

最后，我要由衷地感谢我的家人一直以来对我生活上的照顾和学业上的支持。我幼年丧父，家境贫寒，母亲陈兰花女士含辛茹苦把我养育成人，日夜的操劳与牵挂我永远铭记在心。妻子马利红女士在繁忙的教学之余，还承担了带孩子以及几乎所有家务的重任，免除了我的后顾之忧。她始终默默地支持我的学业，任劳任怨，我对此一直心存感激，愿用余生去回报。儿子皓皓在我读博时刚上小学一年级，不过已经非常乖巧懂事。记得有一次，他看着书架上的语料用书，问道："爸爸，你到底有多少本《爱丽丝》啊？"疑问中带着好奇，透着童趣，也饱含着他对父亲学业的支持。

纸短情长，要感谢的师友难免挂一漏万，对师恩、友谊和亲情的感念也远非名字的简单罗列可以表达。所有关心和支持我的师友和家人，你们对我的信任和鼓励永远是我前行的动力！博士论文须限期完成，修改成书也有期限，但问学之路没有终点，我会继续努力！

郑连忠

2021 年 6 月于弗晓书屋